AF531884

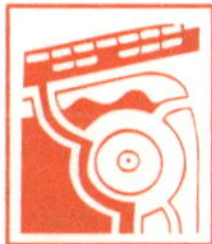

JC Hamilius

ImWortderBILD

Vorwerk 8

Verwendung des BILD-Logos auf dem Cover mit
freundlicher Genehmigung des Axel Springer Verlags

Bibliographische Information der
Deutschen Nationalbibliothek
Die Deutsche Nationalbibliothek
verzeichnet diese Publikation in der
Deutschen Nationalbibliografie;
detaillierte bibliografische Daten
sind im Internet unter
http://dnd.d-nb.de abrufbar.

www.vorwerk8.de

Gestaltung | T616 [veruschka götz] | Berlin
Satz | Lena Ures | Berlin
Druck, Weiterverarbeitung | interpress | Budapest

isbn 978-3-947238-13-2

Vorwort

Es gibt Unternehmungen, die brauchen ein bisschen länger. Als ich 2001 spontan entschloss, Artikel der BILD-Zeitung auszuschneiden und zu sammeln, mag dies bei Freunden und Bekannten noch als milde Form des alltäglichen Wahnsinns durchgegangen sein. Die ersten Studierenden, die meine Leidenschaft begleitet haben, beschrieben mein Tun schonungsloser: »Professor Messie – mutige Studenten heilen ihn vom Sammelwahn!« oder: »Keine Rücksicht! Auch seine Familie versinkt im Papiermüll.«

Dennoch weit gefehlt: Meine Frau und selbst die Kinder quittierten meine oft verzweifelte Suche nach dem nächsten Zeitungskiosk mildestens: mit müdem Lächeln. Und die Sache mit dem Müll könnte man mit dem Satz »Papier ist geduldig ... und braucht viel weniger Platz, als man denkt« abtun. Denn schlussendlich passten 2011 alle Schnipsel gut in sechs Pappschachteln, aufgeteilt in sechs Rubriken, die Sie heute in diesem Buch entdecken können – als surreale Text-Sequenz oder -Collage sowie als Motive und Eindrücke der Im Wort der BILD-Ausstellung 2017. Zur Vernissage hatte ich übrigens die damalige BILD-Chefredakteurin eingeladen, aber leider von ihrem Büroleiter eine Absage erhalten – immerhin mit den besten Erfolgswünschen.

Sind Erfolg und BILD eine unkaputtbare mediale Allianz? – »Hinter diesen Zeilen steckt Macht«, tauchte als Feststellung oft in den mittlerweile fast zwei Jahrzehnten seit Beginn dieses Projekts auf. Wenn ich Matthias Bandtels Einschätzung in schlichte Worte übersetzen darf, dann enthält dieses Buch zeit-, körper- und grenzenlose Zeilen. Die meisten Headlines dieser Sammlung würde ich bei näherer Betrachtung aber eher als *körperbetont* verorten.

Und was den Wahrheitsgehalt anbelangt ... als besonders einfallsreich bleiben die vollkommen dystopischen Meldungen in Erinnerung, egal, ob sie eine weltweite Apokalypse oder ein bedauernswertes Einzelschicksal betreffen.

Wenn der Text kürzer und die Schrift fetter wird, dann liegt »**ANGST!**« in der Luft.

Jean-Claude Hamilius

Matthias Bandtel

Kontexte des Wahnsinns

Medienwissenschaftliche Schlaglichter auf das BILD-Projekt von JC Hamilius

»BILD Dir Deine Meinung«
Jung von Matt für BILD (1998)

»Medien sind vielleicht nicht so erfolgreich darin, den Menschen vorzuschreiben, *was* sie denken sollen, aber erstaunlich erfolgreich darin, ihren Lesern zu sagen, *worüber* sie nachdenken sollen«
Bernard Cohen (1963)

Und er spricht nur in BILD!

Welche Einflüsse üben Medien auf einzelne Nutzer aus? Welche Wirkungen haben sie auf Gruppen oder ganze Gesellschaften? Über welche Macht verfügen sie in sozialen und politischen Diskursen?
Die Frage nach den Wirkungen von Massenmedien gilt als »Königsdisziplin« der Medienwissenschaften. Sie berührt zentral ihre Legitimationsgrundlage, denn »ohne zumindest eine implizite Wirkungsvermutung zu haben, bräuchte man keine Journalismus-, PR-, Werbe- oder sonstige Kommunikatorforschung«.[2] Es ist kein Zufall, dass am Anfang der modernen Medienwirkungsforschung ausgerechnet die systematische Auseinandersetzung mit der Medienpropaganda der Nationalsozialisten stand.[3] Es ging nicht nur darum zu verstehen, welche medialen Mechanismen die Massen vermeintlich verführt hatten. Von Interesse war zudem, wie man sich die angenommene suggestiv-per-

1 Bernard Cohen: The Press and Foreign Policy, Princeton 1963.
2 Wolfgang Schweiger, Andreas Fahr: Vorwort, in: dies. (Hg.): Handbuch Medienwirkungsforschung, Wiesbaden 2013, S. 9-12.
3 Vgl. Wolfgang Schweiger: Grundlagen. Was sind Medienwirkungen? Überblick und Systematik, in: Wolfgang Schweiger, Andreas Fahr (Hg.): Handbuch Medienwirkungsforschung, Wiesbaden 2013, S. 15-37; vgl. Jürgen Wilke: Kommunikations- und Mediengeschichte, in: Günter Bentele, Hans-Bernd Brosius, Otfried Jarren (Hg.): Öffentliche Kommunikation. Handbuch Kommunikations- und Medienwissenschaft, Wiesbaden 2003, S. 151-168.

suasive Macht der Medien künftig zu eigen machen konnte – für die gute Sache freilich, für Demokratie und freie Märkte.

In Deutschland stand die BILD-Zeitung von Anfang an im Mittelpunkt des Interesses der Medienwirkungsforschung. Diese zweifelhafte Ehre wurde dem Blatt zum einen aufgrund seiner schieren Größe als auflagenstärkste deutsche Tageszeitung zuteil. Zum anderen befeuerte BILD durch radikale Kampagnen immer wieder die öffentliche Faszination für menschliche Schicksale, Sex und Gewalt. Dadurch trug die BILD-Zeitung selbst zum Mythos des unheimlichen, bedrohlichen und manipulativen Mediums bei. Das Image des Springer-Blatts und die »alltagsweltliche Konzeption von Medienallmacht«[4] näherten sich einander bis zur Deckungsgleichheit an.

BILD polarisiert – auch innerhalb der Medienwissenschaften. In den 1970er Jahren vermuteten Autoren eine »Ideologiefabrik«[5] hinter dem Springer-Blatt und sprachen von »Verfälschungen«[6]. Spektakuläre Enthüllungen wie Günther Wallraffs Undercover-Einsatz in der Springer-Redaktion legten manipulative, tendenziöse und dramatisierende Produktionsprozesse offen.[7] Noch in den 1980er Jahren warfen Analysten dem Boulevardblatt »Lüge« und »Manipulation« vor.[8] Seit den 1990er Jahren werden die Befunde differenzierter. Untersuchungen widmeten sich einzelnen Aspekten des Systems BILD. In den Fokus der Kritik traten der Umgang mit Persönlichkeitsrechten, insbesondere wenn BILD sensationsheischend das Privatleben von Prominenten und Politikern auseinandernahm.[9] Außerdem wurden die Techniken der Emotionalisierung durch Schlagzeilen seziert.[10] Ein Dauerthema für die mediensoziologische Analyse war und ist die Haltung der BILD-Zeitung gegenüber Ausländern und Menschen mit Migrationshinter-

4 Heinz Bonfadelli: Medienwirkungsforschung 1: Grundlagen und theoretische Perspektiven, Konstanz 2001.
5 Jürgen Alberts: Massenpresse als Ideologiefabrik. Am Beispiel »Bild«, Frankfurt/M. 1972.
6 Erich Küchenhoff, Gabriele Keppler: Bild-Verfälschungen. 1: Analyse, Frankfurt/M. 1972; dies.: Bild-Verfälschungen. 2: Belege, Frankfurt/M. 1972.
7 Vgl. Günter Wallraff: Der Aufmacher. Der Mann, der bei Bild Hans Esser war, Köln 1977.
8 Vgl. Frank Berger, Peter Nied, S.-M. Veit (Hg.): Wenn Bild lügt – kämpft dagegen: Neue Untersuchungen, Fallbeispiele und Gegenaktionen, Essen 1984.
9 Vgl. Tatjana Braun: BILD und die Promis – eine streitbare Beziehung. Wie Boulevardmedien mit Persönlichkeitsrechten Prominenter umgehen, Saarbrücken 2007; vgl. Martina Minzberg: BILD-Zeitung und Persönlichkeitsschutz. Vor Gericht und Presserat: eine Bestandsaufnahme mit neuen Fällen aus den 90er Jahren, Baden-Baden 1999.
10 Vgl. Hartmut Büscher: Emotionalität in Schlagzeilen der Boulevardpresse: Theoretische und empirische Studien zum emotionalen Wirkungspotential von Schlagzeilen der Bild-Zeitung im Assoziationsbereich »Tod«, Frankfurt/M. u.a. 1996; Cornelia Voss: Textgestaltung und Verfahren der Emotionalisierung in der BILD-Zeitung, Frankfurt/M. u.a. 1999.

grund. Systematische Analysen deckten immer wieder einen latenten Rassismus des Blattes auf.[11]
Die Herausgeber von BILD wollen das naturgemäß ganz anders sehen. Zum sechzigjährigen Jubiläum feiern Kai Diekmann und Mitherausgeber Stefan Aust die Geschichte der Zeitung mit einem elf Kilogramm schweren Jubiläumsband.[12] Schon die schiere Masse sollte offenbar jede Kritik erdrücken und jenes politische Gewicht suggerieren, das sich Diekmann ganz offen herbeisehnte: »Seit ihrer Gründung vor 60 Jahren – am 24. Juni 1952 – sprengt die BILD-Zeitung alle Dimensionen. BILD ist immer BIG«.

Ein Wunder, dass der Fotograf nicht verwackelt hat
Als Kai Diekmann bei BILD das Ruder übernimmt, beginnt JC Hamilius – aus einer Laune heraus? – mit seiner Dokumentation. Eine Schlagzeile pro Tag. Er wird zehn Jahre lang sammeln. Zu Beginn dieser wahnsinnigen Unternehmung finden die Headlines in 4,3 Millionen Exemplaren der Zeitung Verbreitung. Zehn Jahre später sind es noch 2,7 Millionen Exemplare.[13] Eine Dekade des Umbruchs – für den Zeitungsmarkt und die Welt.
Wir erinnern uns: 2001, gleich in seinem ersten Monat als Chefredakteur, führt Diekmann einen Feldzug gegen den grünen Umweltminister: Ein altes Foto, geschickt beschnitten, mit frei erfundenen Beschriftungen versehen – schon steht Jürgen Trittin als Mitläufer zwischen bewaffneten Protestierenden auf einer »Gewaltdemo« da.[14] 11. September 2001 – Franz Josef Wagner schreibt den Dritten Weltkrieg herbei. Bei der Bundestagswahl 2002 setzt sich Gerhard Schröder knapp gegen Edmund Stoiber durch. Im Sommerloch 2003 – eine groß angelegte Kampagne gegen vermeintliche Sozialschmarotzer: »Florida-Rolf« war

11 Vgl. Andreas Quinkert: Warum dieser Haß in Hoyerswerda? Die rassistische Hetze von Bild gegen Flüchtlinge im Herbst 1991, Duisburg 1991.
12 Vgl. Kai Diekmann (Hg.): 60 Jahre Bild Zeitung, Köln 2012.
13 Vgl. IVW: Titelanzeige BILD Deutschland, 2019, unter: www.ivw.eu/aw/print/qa/titel/1090?quartal%5B20014%5D=20014&quartal%5B20024%5D=20024&quartal%5B20034%5D=20034&quartal%5B20044%5D=20044&quartal%5B20054%5D=20054&quartal%5B20064%5D=20064&quartal%5B20074%5D=20074&quartal%5B20084%5D=20084&quartal%5B20094%5D=20094&quartal%5B20104%5D=20104&quartal%5B20114%5D=20114#views-exposed-form-aw-titel-az-aw-az-qa (27.08.2019).
14 Vgl. Matthias Bandtel: Die mediale Inszenierung von Pathologien politischer Akteure. Krankheit in der politischen Kommunikation der Moderne, in: René John, Antonia Langhof (Hg.): Scheitern – Ein Desiderat der Moderne?, Wiesbaden 2014, S. 167-195.

geboren. 2005 – »Wir sind Papst!« und Angela Merkel wird Bundeskanzlerin. Das Sommermärchen 2006 wird uns präsentiert mit freundlicher Unterstützung der BILD-Zeitung. 2007 – Eisbär Knut. Notleidende Banken in Europa und Hoffnungsträger Obama in den USA dominieren 2008 die Schlagzeilen. 2009 – Angela Merkel tauscht roten gegen gelben Koalitionspartner. Auf dem Höhepunkt der Eurokrise 2010 geriert sich BILD als Anwalt des ehrlichen deutschen Steuerzahlers gegen die »Pleite-Griechen«.[15] Im Mai 2011 erschießen US-Spezialeinheiten Osama Bin Laden in Nordpakistan. Kai Diekmann bleibt noch bis Ende 2015 Chefredakteur bei BILD.

Enthüllt! Das ist die echte Mona Lisa

Hat BILD in dieser Dekade die Wirklichkeit verfälscht, uns ideologisch indoktriniert und manipuliert? »Medienmacht« ausgeübt? Ganz naiv fragt die alte Lasswell-Formel: Wer sagt was zu wem auf welchem Kanal mit welcher Wirkung? Die *British Cultural Studies* machen eine neue Perspektive auf:[16] Kommunikate sind keine Versandpakete, die von Medien nur möglichst verlustfrei von A nach B überbracht werden müssen, damit der Empfänger die Botschaft exakt so erhält, wie sie vom Absender verschickt worden ist. Wir erschließen unsere Wirklichkeit über Zeichen, aber Zeichen selbst haben keinen objektiv feststellbaren Inhalt, sondern verweisen auf etwas. Die Bedeutung eines Zeichens eröffnet sich erst im Kontext seiner Verwendung, also durch Interpretation der Kommunikationsteilnehmer. Wie wir Zeichen einsetzen und deuten, haben wir erlernt – als Teil von Kultur, Gesellschaft und Sprache. Und da wir nicht alle über die gleichen Wissensbestände verfügen, unterschiedliche Werte und Normen verfechten, haben Zeichen eben nicht nur die *eine* Bedeutung, sondern lassen mehrere Lesarten zu. Das sind die Grundzüge des *Encoding / Decoding-Modells* nach Stuart Hall:[17]

15 Vgl. Hans-Jürgen Arlt, Wolfgang Storz: Drucksache »Bild« – Eine Marke und ihre Mägde. Die »Bild«-Darstellung der Griechenland- und Eurokrise 2010, Frankfurt/M. 2011.

16 Vgl. Stuart Hall: Kodieren / Dekodieren, in: Ralf Adelmann, Jan O. Hesse, Judith Keilbach, Markus Stauff, Matthias Thiele (Hg.): Grundlagentexte zur Fernsehwissenschaft. Theorie – Geschichte – Analyse, Konstanz 2001, S. 105–124; vgl. Friedrich Krotz: Stuart Hall: Encoding / Decoding und Identität, in: Andreas Hepp, Friedrich Krotz, Tanja Thomas (Hg.): Schlüsselwerke der Cultural Studies, Wiesbaden 2009, S. 210–223.

17 Vgl. Stuart Hall: Kodieren / Dekodieren, a.a.O., S. 105–124.

> Will man kommunizieren, ganz gleich, ob als Individuum, Rundfunkveranstalterin bzw. -veranstalter oder Filmproduzierender, ganz gleich, ob man sich mit Worten oder Gesten ausdrückt oder beispielsweise als Rundfunkveranstalter auf technische Systeme zurückgreift, so muss man, was man ausdrücken will, codieren, also in einen Zeichencode und nach dessen Regeln verpacken. Und wer Kommunikation verstehen will, muss die Zeichen, die sie oder er als sinnvoll und gemeint versteht, decodieren, also in die selbst gewählten und akzeptierten Kontexte setzen.[18]

In der Tradition der British Cultural Studies entsteht die Perspektive des »aktiven Lesers«.[19] Zeitungsrezipienten werden nicht länger als bloße willfährige Empfänger von Botschaften – oder gar Opfer von Manipulation und Propaganda gesehen. Sie werden in die Rolle von Akteuren versetzt; Medien*nutzer*, die sich Inhalte aktiv aneignen, d.h. decodieren, einordnen und neu kontextualisieren.

Der nackte Wahnsinn –
Schweini-Doppelgängerin auf Postkarte entdeckt

JC Hamilius' Projekt entkernt die BILD-Schlagzeilen, beraubt sie ihrer Kontexte. Es entbindet sie ihrer politischen, sozialen oder historischen Bezüge, löst sie aus zeitgenössischen Produktions- und Rezeptionszusammenhängen heraus. Hamilius reduziert seine Schlagzeilen auf reine Zeichen. Damit sind uns die wichtigsten Orientierungspunkte für die Decodierung genommen. Jeder Bezugsrahmen, der unsere Interpretation leiten könnte, fehlt. Die gelernten Mechanismen, Sinn und Bedeutung zu (re-)konstruieren, greifen ins Leere. Auf einmal sind wir auf uns allein gestellt.

Hamilius stellt den nackten Wahnsinn von BILD aus. Ohne jede Einordnung, ohne Relativierung und Gegenstimme trifft uns die Perfidie und Gewalt mancher Schlagzeile mit voller Wucht. Entzeitlicht, entkörpert und entgrenzt schlagen die Zeilen wild um sich. Die Zusammenstellung in diesem Buch führt uns diesen Wahnsinn unvermittelt vor Augen.

18 Friedrich Krotz: Stuart Hall: Encoding / Decoding und Identität, a.a.O., S. 210–223.
19 Vgl. Stuart Hall: Kodieren / Dekodieren, a.a.O., S. 105–124.

Und der Effekt ist in der Tendenz: Gedächtnislosigkeit – je mehr man liest, an desto weniger kann man sich erinnern. Hamilius stellt den nackten Wahnsinn von BILD bloß. Befreit von der selbstbehaupteten Wirkmächtigkeit ihrer Macher offenbart sich die ganze Absurdität und Belanglosigkeit vieler noch so aufgeregter Headlines. Bei der Lektüre der BILD-Dokumentation von JC Hamilius bewegen wir uns permanent zwischen diesen beiden Extremen. Und je tiefer man in den Wahnsinn eintaucht, umso klarer wird: Nicht die Schlagzeilen üben Macht auf uns aus. Wir sind es, die den Schlagzeilen Macht zuschreiben oder absprechen. Erst, indem wir die Zeichen vor dem Hintergrund gesellschaftlicher und individueller Verhältnisse entschlüsseln, geben wir BILD Sinn und Bedeutung.
Wie aktive Leser Macht über BILD ganz konkret zurückgewinnen, zeigen die vielen Exponate, die von Studierenden der Hochschule Mannheim über all die Jahre gestaltet worden sind. Ihre Rubrizierungen, Collagen, A/V-Installationen, Zeichnungen, Illustrationen, Fotografien und ihre musikalische Interpretation[20] haben die Schlagzeilen ganz subjektiv auf ihre Lesarten zugerichtet. In dieser Hinsicht ist dieses Buch nicht nur Archiv des Wahnsinns von zehn Jahren BILD. Es ist zugleich Dokumentation seiner erfolgreichen Rekontextualisierungen. Hamilius' BILD-Projekt ist gerade jetzt von höchster Relevanz und Aktualität. In der öffentlichen Wahrnehmung macht sich wieder die Mär von Medienmanipulation und -beeinflussung breit. Niemand scheint sich daran zu stören, dass in Bezug auf Social Media ganz selbstverständlich von *Influencern* und *Followern* die Rede ist. Auch innerhalb der medienwissenschaftlichen Wirkungsforschung vollzieht sich ein Backlash – insbesondere in Bezug auf die BILD-Zeitung wird wieder von »Persuasion«[21] gesprochen. Mediennutzer werden zu tumben Empfängern degradiert. Das BILD-Projekt von JC Hamilius hingegen spricht uns als aktive Leser an. Es appelliert an uns, nachzudenken, zu hinterfragen, einzuordnen. Es gibt uns allen den Auftrag, den Wahnsinn zu kontextualisieren.

20 Vgl. Maurice Fischer (Regie), Stefan Apfel, Marie Wolgast, Jean-Claude Hamilius (Ensemble): Bambi Brutal – 2000°, 2017, www.youtube.com/watch?v=OAD2sm-uBPs.

21 Sabine Heyne: Innovation und Persuasion in der Presse. Eine komparative Korpusanalyse zur Form und Funktion von Neologismen, Wiesbaden 2016.

Heimat

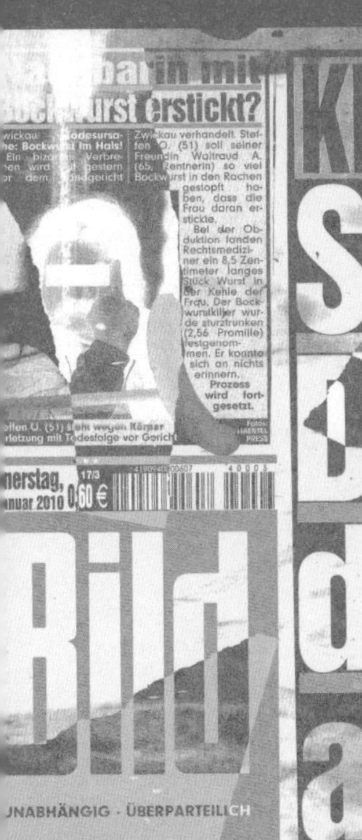

...barin mit Bockwurst erstickt?

Zwickau – Todesursache: Bockwurst im Hals! Ein bizarrer Verbrechen wird seit gestern vor dem Landgericht Zwickau verhandelt. Steffen O. (51) soll seiner Freundin Waltraud A. (65, Rentnerin) so viel Bockwurst in den Rachen gestopft haben, dass die Frau daran erstickte. Bei der Obduktion fanden Rechtsmediziner ein 8,5 Zentimeter langes Stück Wurst in der Kehle der Frau. Der Bockwurstkiller wurde sturztrunken (2,56 Promille) festgenommen. Er konnte sich an nichts erinnern. Prozess wird fortgesetzt.

Steffen O. (51) steht wegen Körperverletzung mit Todesfolge vor Gericht

nerstag, ...nuar 2010 0,60 €

Bild

UNABHÄNGIG · ÜBERPARTEILICH

www.bild.de

KLIMA-SCHUTZ

Sollen wir Deutsche die Erde alleine retten?

Wir sollen nicht mal mehr in Urlaub fliegen!

Aber die anderen verpesten weiter die Luft

WIR DEUTSCHE SIND FÜR DEN UMWELTSCHUTZ! Wir sind auch bereit, Opfer für die Umwelt zu bringen. Aber manchmal hat man den Eindruck: Wir sollen die Erde alleine retten! Jetzt fordern Politiker und Umweltexperten sogar den Verzicht auf Urlaubs-Flugreisen. Bayerns Innenminister Beckstein (CSU) hält das für Unsinn. Und: Was tun eigentlich die großen Umweltverschmutzer USA, Russland und China zur Rettung des Planeten? Seite 8

PORNO-THEATER

Nackter Rentner tanzt mit Schülern

Ein Zuschauer tanzt nackt mit einem jugendlichen Darsteller

Von JAN SCHÜTZ

Berlin – Porno-Theater in der Berliner Volksbühne, nach der Premiere. War's wirklich so schmutzig?

Bei der ersten Vorstellung des Stücks „Krieg im Sertao" wurd's sogar noch schlimmer. Die Darsteller aus Brasilien räkelten sich nicht nur splitternackt auf der Bühne, simulierten Oralsex und Vergewaltigungen. Bei der „Kunst-Orgie" machen jetzt auch noch Kinder mit!

Weil Mitmachen erlaubt war, stürmte ein älterer Zuschauer nackt auf die Bühne, reihte sich in die tanzende Menschenkette ein. Rechts und links einen Jugendlichen (aus dem Ensemble) an der Hand. Er tanzte fröhlich mit zur Musik.

Dann hängte sich eine nackte Darstellerin an den Hals eines Zuschauers, küßte ihn ab. Ein anderer Schauspieler verteilte Zungenküsse an eine Frau aus dem Publikum und ihren Freund.

Seltsam: Bei weiteren Aufführungen des fünfteiligen Skandalstücks machen in den nächsten Tagen auch noch 25 Berliner Schüler (ab 14 Jahren) mit. Sie sollen Kindersoldaten spielen. Bei den Proben waren aber einige Jugendliche von den drastischen Sex-Szenen so geschockt, daß sie das Theater verließen.

Nicht gerade „künstlerisch wertvoll": eine Proben-Szene

Gartenzwerg-Bande schlug wieder zu

Französische Gartenzwergbande hat wieder zugeschlagen ... diesmal im Vogesenort Chavelot. Die Bewohner entdeckten ... einem Kreisverkehr eine Versammlung von 105 Gartenzwergen. Sie waren aus umliegenden Gärten geklaut worden. Die „Befreiungsfront für Gartenzwerge" ließ ein Bekennerschreiben zurück. Die Gartenzwergbande war erstmals vor fünf Jahren aktiv geworden.

WM-Trikots maßgeschneidert auch für Hunde

Wuff! Jetzt ist Fiffi Schwarz-Rot-Geil

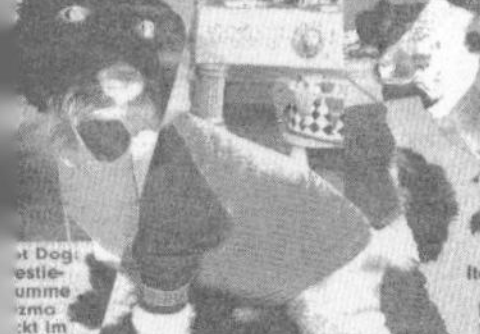

Italo-Pfote Chico hat ihre Gegner fest im Blick

Kurze Beine, aber wieselflink: Chihuahua Flo bellt für Deutschland

Von CAROLINE RING

... – Wau, ist ... schick! Jetzt sind ... Deutschlands ... Schwarz-Rot-Geil. Sie tragen die Shirts ... Frauchens oder ... Lieblings-Fußballteam. ... Zeugwart heißt Renate Fichna (35). Die Dortmunderin schneidert in ihrem Hundeladen „Sexy Dog Company" jedem Hund das Trikot auf den Leib! Preis: ab 25 Euro, Hemdchen, Druck oder Bestickung inbegriffen. „Deutschland, Schweden oder Italien – jedes Shirt ist in zwei Tagen fertig." Sie benutzt nur echten Trikot-Stoff. ... Schließlich darf das Trikot im Schritt nicht kneifen, wenn Dogginho mal Gassi muß ...

Warum bügeln die Ossis ihre Gänse?

Gans in weiß gleich wird sie geplättet!

Rostock – Gerade stand die Gans noch auf der Wiese – jetzt liegt sie auf dem Bügeltisch, ziemlich geplättet. Nichts gegen korrekte Haushaltsführung. Aber muß man jetzt sogar seine Weihnachtsgans bügeln? Bäuerin Doris Rennka (66) aus Schalensee (Mecklenburg-Vorpommern): „Man muß die Haut erwärmen, damit sich die Tiere besser rupfen lassen. Andere Bäuerinnen brühen die Gänse ab – ich bügele eben." Ihre Methode fürs Geflügel-Bügeln: „Plätteisen auf höchste Stufe stellen, nasses Handtuch auf die Gans legen – und los geht's." So wird auch die faltigste Gänsehaut glatt!

Polizei verfolgt fahrendes Skelett

Straubing – Zwei Zivilfahnder entdeckten in Straubing (Bayern) ein fahrendes Skelett. Sie verfolgten das Auto, stoppten den „Geisterfahrer". Entwarnung: Der Wagen hatte das Lenkrad auf der rechten Seite, am Steuer saß ein Mann (24). Als Gag hatte er auf den Beifahrersitz ein Plastikskelett gesetzt, das sogar ordentlich angeschnallt war. Er durfte mit seiner „Begleitung" weiterfahren.

SUPER BINGO, 13. Spiel

109 113 242 274 408 444 499

Goldene Zahl 1802...639

Nach dem starken 1:1 gegen Brasilien

Klinsi heißt jetzt nur noch Grinsi

Deutschland strahlt nach dem 1:1 gegen Brasilien. Bundestrainer Klinsi heißt jetzt nur noch Grinsi – Seiten 14 und 1...

Auch das noch! Pommes 3 cm kürzer!

...nster – Diese Nachricht ...meckt den Fritten-Fans ...erhaupt nicht: Die Pommes werden kürzer! ...chuld ist das heiße ...wetter. Die Trockenheit beeinträchtige das Wachstum von Kartoffeln, so ein Sprecher der Landwirtschaftskammer Nordrhein-Westfalen. Folge: Kleinere und weniger dicke Erdäpfel. Dadurch fallen die Pommes um bis zu drei Zentimeter kürzer aus. Nach der Rekordernte 2004 erwarten die Bauern jetzt außerdem 10 bis 20 Prozent geringere Erträge.

Foto: SEEGER-PRESS

001 – Nikolaus macht Hitler-Gruß.

002 – Deutscher Journalist enthüllt! Hitler wollte den Regenwald erobern.

003 – Historiker enthüllt neue Details über die letzten Tage des Diktators.

004 – Sex-Orgien in Hitlers Führer-Bunker?

005 – Historiker streiten weiter über schwulen Hitler.

006 – Empörung in ganz Deutschland: Hitler in Berlin zur Schau gestellt!

007 – **Hier liegt Hitler als Bettvorleger.**

008 – Drehten die Nazis heimlich Pornofilme?

009 – Neo-Nazi spielt in Hitler-Film.

010 – Hitler schockte Eva Braun: »Ich kann dich nicht mehr befriedigen.«

011 – Was der falsche Hitler über Eva Brauns Gebärmutter schrieb:
»Du redest über ein Kleid, das nicht passt ... Stell dir meine Probleme vor!«

012 – Jetzt enthüllt: Hitler wollte das Brandenburger Tor einreißen.

013 – Feng Shui soll Hitlers bösen Geist vertreiben.

014 – War Hitler doch kein Österreicher?

015 – Der Diktator kam nicht in Braunau, sondern auf der deutschen Seite
des Inns zur Welt ... behauptet ein Historiker.

016 – Hitler-Eklat am 105. Geburtstag.

017 – **Schäferhund macht Hitler-Gruß.**

018 – Konditor backt Nazi-Kuchen.

019 – So bettelte Hitler bei Mercedes um Rabatt.

020 – Hitlers letzter Verwandte entdeckt.

021 – Kann man mit so einem Frühstück den Krieg gewinnen?

022 – **Katze sieht aus wie Hitler.**

023 – Unbekannte mähen Hakenkreuz in Rasen.

024 – Riesenzoff um goldenen Nazi-Zwerg.

025 – Strammgestanden! Sex bei der Bundeswehr erlaubt.

026 – Immer mehr leben an der Dispo-Grenze –
Deutsche kommen mit ihrem Geld nicht aus!

027 – Rettung der Erde kostet jeden Deutschen 60 Euro.

028 – Im deutschen Supermarkt: Bin-Laden-Masken für 9,90 Euro.

029 – Sollen wir Deutsche die Erde alleine retten?

030 – Schock-Bericht der Weltbank: Deutschland sozialistischer als China!

031 – Deutschlands traurigster Sparclub: Chef brannte mit 25.000 Euro durch.

032 – Unser bedeutendster Historiker warnt:
»Die Geduld der Deutschen ist am Ende«

033 – Wir Deutsche sind Pessimismus-Weltmeister.

034 – Gestern, 9:30, in Deutschland ... Tief »Tom« macht uns alle sooo müde ...

035 – Sonnenfinsternis am 3. Oktober: Ein Omen für Deutschland.

036 – Wir sind ein Volk!

037 – Die 100 schönsten Deutschen. Die sehen ja alle gleich aus!

038 – Wer klont denn hier MISS GERMANY?

039 – Falscher Grieche mit »getürktem« Pass!

040 – Deutsche Wissenschaftler glauben an Außerirdische.

041 – Deutschlands schönste Fleischerin bald Meisterin.

042 – Arbeitsamt will brave Bäckersfrau zum Nackmodell umschulen.

043 – Seit 2001 dürfen Frauen Dienst an der Waffe tun.
Und das trägt jetzt süße Früchte – Stillgestrampelt!

044 – Erste Bundeswehrbabys sind da.

045 – Sind deutsche Mütter wirklich faul?

046 – Hier sieht Hansi nur noch Hintern.

047 – **Immer mehr Frauen gehen auf die Pirsch.**

048 – Schatz, nur noch eine Maschine!

049 – Frauen schlagen sich die Köpfe ein.

050 – Po-Blitzer erregt Hoffenheim.

051 – Es war die lesbische Party-Maus von Bad Oeynhausen!

052 – **Männer finden sich im Alter schöner.**

053 – Offenbach kloppt Dortmund raus.

054 – Köln blamiert sich in Mainz: Raus der Daum!

055 – Die Wahrheit über deutsche Ehen ... Frauen erzählen: Mein Mann hört mir einfach nicht mehr zu!

056 – Wer versteht das noch? Frazen, chillen, chopsen – das bockt 2nite mörder!

057 – EUROPA-REKORD! Deutsche Männer am dicksten.

058 – Neue Studie! Deutschland ist Weltmeister im Jammern.

059 – So lang ist der durchschnittliche deutsche Penis.

060 – Jeder 100. Deutsche hat kein eigenes Klo.

061 – **»Ossis« kein eigener Volksstamm.**

062 – Männer müssen behaart sein!

063 – 360 Mark für einen Hundehaufen.

064 – Date a Dog – Single Aktion für Herrchen und Frauchen.

065 – Wissenschaftler haben endlich bewiesen, was Herrchen längst wusste: Hunde verstehen Deutsch.

066 – Das sind die Hunde mit den schönsten Frisuren Deutschlands.

067 – BILD sucht Deutschlands schrägste Hunde.

068 – Autofahrer trug nur Hundehalsband.

069 – Katzenschlaraffenland auf der Autobahn.

070 – Jault Dieter Bohlen bald mit diesem Hund im Duett?

071 – Aufpassen, wenn ihr Mann nachts Gassi gehen will!

072 – Benedikt Superstar! Unser Joseph Ratzinger ist Benedikt XVI.

073 – Wir sind Papst!

074 – Warum kann der Papst nicht für immer in Deutschland bleiben?

075 – Der Papst vor 100.000 Gläubigen in der Ukraine:
Hand Gottes riss Berliner Mauer ein.

076 – Halleluja! Der Papst ist los.

077 – Mietvertrag mit Islam-Klausel!

078 – Darum essen Juden keine Cheeseburger!

079 – Blattgold an Currywurst –
Im Hafen wird jetzt die veredelte Edelwurst aufgetischt.

080 – Hier mampft McClement.

081 – Amt macht Acrylamid-Tests: Unsere Weihnachts-Pommes sind o.k.

082 – Die heißesten Nachrichten vom Super-Sommer:
Glut-Hitze schrumpft Pommes.

083 – **Auch das noch! Pommes 3cm kürzer!**

084 – Grünenpolitikerin will an unseren Bauch – Höhere Steuer auf Currywurst.

085 – 18 Mark – Das ist Deutschland teuerste Currywurst.

086 – PLUMPS! Jauch fiel auf den Bauch.

087 – So schrumpft die Krise Ihre Rente.

088 – Sollen Rentner jetzt etwa keine Butter mehr essen?

089 – Carola schert sich nicht um Rente.

090 – Politiker fordern: Mehr Sex für die Rente.

091 – Neue Studie: Ältere werden immer lebenslustiger.

092 – **Ältester Deutsche schwört auf Alt.**

093 – Großvater Sex – Oswalt Kolle wird 75.

094 – Porno-Theater – Nackter Rentner tanzt mit Schülern:
»Mer sinn janz nass, äwer mer hann Spass.«

095 – Die schwangere Jessica muss ihr Leben neu organisieren –
Können Millionen einen liebenden Papa ersetzen?

096 – Happy Birthday, Emma! – Die Machos gratulieren.

097 – Hier fährt der neue Kapitän mit dem Beiboot Wasserski!

098 – Das neue deutsche Wirtschafts-Wunder.

099 – Wir sind die Höhlen-Deutschen von Mallorca.

100 – Nie mehr sehen was Quelle hat!

101 – Märklin-Affäre – Medienkrieg um Spiegel-Methoden.

102 – Schweinegrippe: Ossis haben mehr Angst als Wessis.

103 – Die Stadtmusikanten kommen aus Bökendorf.

104 – **Salat-Angst in Deutschland.**

105 – Elefanten stehen an Bushaltestelle.

106 – Frankfurt geht App. / 107 – Meyer trifft Geyer – Gibt's Sonntag 'ne Feier? / 108 – »Wein auf Bier, das rat ich dir« stimmt nicht! / 109 – Einfach dumm und durstig. / 110 – Frankfurter sprengt Offenbacher Bar. / 111 – Meinst du nicht, du hast genug getrunken? / 112 – Anke, warst du an der Witze-Tanke? / 113 – Was an der Zapfsäule draufsteht, ist oft nicht drin! / 114 – Duschgel auf der Autobahn. / 115 – Der Rolls-Royce wird jetzt von Deutschen gebaut. / 116 – Bei der Probefahrt abgeschleppt! / 117 – Neue Moschee. Aber ohne Muezzin (zu laut) und Minarette (zu hoch). / 118 – Lust auf Ölwechsel? / 119 – Jetzt wird gerapst! / 120 – Wut auf die Öko-Plörre! / 121 – Nein, tanke! Der Irrsinn mit dem Bio-Sprit. / 122 – Grüne fordern Tankstellen-Boykott gegen Gaddafi. / 123 – Bio-Sprit bleibt! / 124 – Deutsche wollen mit Urne umziehen. / 125 – Juchhee! Auch ohne Schnee is schee. / 126 – Opel – Die große Verarsche! / 127 – Frau Höhn macht Schweine froh. / 128 – Hängebauchschwein legt Verkehr lahm. / 129 – Mitten im Berufsverkehr – hier steht einer im Stau. / 130 – Gestatten ich bin Wildschwein Manni und darf sogar auf die Couch. / 131 – Zu dick für deutsche OP-Tische! – Hilfe, ich wieg schon wieder mehr! / 132 – Autofahrer in Düsseldorf immer aggressiver – Schimpfen, schreien, ruppig sein ... / 133 – Ich steuer meinen Hühnerstall mit dem Ei-Pad. / 134 – Blauer Storch baut schiefen Turm von Biegen. / 135 – (Bl)auweia! Noch ein Schlumpf-Storch entdeckt. / 136 – Hier zeigen sie uns ihren Super-Rammler. / 137 – So kam das Wasser

in Ihren Fernseher. / 138 – Lutsch-Bonbons unter Porno-Verdacht! / 139 – Klosterschüler werfen Haribo Gefährdung der Sittsamkeit vor. / 140 – Lotto-Gott, was soll der Sechser-Tick? / 141 – Millionen-Coup am Postamt »Dat Pastörche« gestand: »Ich war der dritte Mann.« / 142 – Pastor verschenkt Damen-Slips. / 143 – Entdeckt: Der Lokus von Martin Luther. / 144 – Urin im Heilwasser! Quelle macht dicht. / 145 – 800.000 Deutsche leiden unter Bestell-Sucht. / 146 – In Frankfurt singen die Mülleimer jetzt Weihnachtslieder. / 147 – Chaos-Familien machen Kinder dick. / 148 – Wir sind mal wieder Europas Deppen! / 149 – Kein Hartz 4 Zuschlag, wenn Kinder schneller wachsen. / 150 – Ideenrausch besser als Komasaufen. / 151 – Die Schlacht um Schuh von Jimmy Choo. / 152 – Was machen Haifisch-Zähne in Osnabrück? / 153 – Enträtselt! Das Geheimnis des Neuschwanstein-Meteoriten. / 154 – Das ist ja zum Außerirdisch werden ... Es gibt noch mehr unheimliche Ufo-Löcher! / 155 – Dat Ufo kütt! Erich von Däniken: Außerirdische landen am Kölner Dom. / 156 – Feinstaub hat sich aus dem Staub gemacht! / 157 – Und es wird immer heißer: Sahara-Sommer kommt! / 158 – KLIMA-SENSATION: Delfine in der Ostsee! / 159 – Oh Schreck! Wüstenfamilie wieder weg! / 160 – Wir sind doch nicht knalle und fahren nach Malle. / 161 – Bei uns ist es am schönsten. / 162 – Das Ruhrgebiet wird zum größten Salzstreuer der Welt. / 163 – Fichten geht's pfui, der Kiefer aber hui. / 164 – TV-Produzent von Otto Fischer rammt Kind vom

Rad! / 165 – Hier kokst der Kollege von Herrn Kaiser. / 166 – Warum bügeln die Ossis ihre Gänse? / 167 – Miss Germany – Angela Merkel wird 1. Bundeskanzlerin! / 168 – Ossis sind jetzt die Bossis. / 169 – Wessis sollen länger arbeiten! / 170 – Kein Witz! Hier zeigt uns der neue CDU-Generalsekretär sein Dienstfahrrad. / 171 – SPD-Politiker flippt aus: »Dreckschweine«. / 172 – Jetzt zufrieden, Herr Trittin? / 173 – Oder muss Benzin noch teurer werden? / 174 – Wie grün wird die CDU? / 175 – Ossi-Hund vom Wessi erschossen ... weil er über die Grenze wollte. / 176 – Politiker fordern: Schubst den S-Bahn-Schubser aus dem Land! / 177 – Vom Terroristen-Anwalt zu Deutschlands härtestem Minister: Scharf wie Schily. / 178 – Dioxinskandal – Die Politiker giften, giften, giften ... aber es bessert sich nichts! / 179 – Stephanie Guttenberg – Wir finden die Gutt! / 180 – Guido und die 7 Zwerge. Rumpelstielzchen! / 181 – CDU geht auf Guttenberg los! / 182 – Nie wieder Zahlmeister Europas! / 183 – An unserer Kanzlerin beißt sich Europa die Zähne aus. / 184 – Der Berg ruft! Und die Kanzlerin kommt. / 185 – Ministerium bläst zur Wildschwein-Jagd. / 186 – Wie gut ist der neue Gesundheitsminister? / 187 – Merkel hat 'nen Neuen. / 188 – Merkel schreibt Einkaufszettel für ihren Mann. / 189 – Macht Lafontaine Deutschland unregierbar? / 190 – Schmerzlicher Abschied von der Macht – Schröder in Tränen. / 191 – 1. Minister gibt Nokia-Handy zurück. / 192 – Jetzt regiert uns Joschka Schröder! / 193 – Wie grün wird Deutschland? / 194 – Mmmh!

Künast wirbt für deutsche Äpfel. / 195 – Roland Koch (CDU) lobt und ehrt Peer Steinbrück (SPD). / 196 – Die große Love-Story der Großen Koalition. / 197 – Steinbrück will 5 Euro Huren-Steuer. / 198 – LATEX-Pauli von der CSU – 1. Nackt-Angebot für schöne Landrätin. / 199 – Das sind die Pin-up-Girls der Hessen-SPD. / 200 – 95% der Anrufer beim großen Bild-Ted schimpfen »Kanzler, wir fühlen uns verarscht!« / 201 – Gebt uns den Spaß an der Politik zurück. / 202 – Macht uns den Obama! / 203 – Schwofen mit Freunden, Rauchen im Wald, Whisky mit Kirschmost: Das Party-Girl Angela. / 204 – Schröder und Merkel erleichtert, am 18. September ist es soweit. / 205 – Jetzt haben wir die Wahl! / 206 – Brutaler Wahlkampf nach Wahl-Platt. / 207 – Schröder: Ich bin Bundeskanzler! / 208 – Merkel: Nein, das ist mein Auftrag! / 209 – Wer regiert jetzt Deutschland? / 210 – Kommt die Jamaika-Koalition? / 211 – Macht's Merkel mit Guido und Joschka? / 212 – Friedensnobel-Preis für den Kanzler? Rettet ihn das? / 213 – Frau Völker poliert sogar seine Brille – Der Kanzler stellt uns seine Putzfrau vor. / 214 – Merkel gegen Schröder: Macht sie's wirklich besser? / 215 – »Kompromiss-Angie« und »Veto-Horst« herzen sich. / 216 – »Einigkeit und Recht und Hürriyet ...« – Grüner will Nationalhymne auf Türkisch. / 217 – Innenminister Schäuble lobt holländische Einbürgerungs-Praxis – Nackt-Test für Ausländer? / 218 – Unsere Politiker spinnen! / 219 – Steuern runter erst in 100 Jahren?

220 – Mehrwertsteuer – Sondersteuer – Gesundheitssteuer –
Seid ihr denn total Besteuert?

221 – Steuer-Irrsinn – Deutschland wehrt sich!

222 – Schwere Zeiten für Hessens SPD-Chefin: Tricksilanti!
Hat sie auch Walter weggemogelt?

223 – »So einfach ist es, den Staat zu bescheißen.«

224 – Schröder und die Schrumpfgenossen – Die SPD-Basis macht ihre Chefs klein.

225 – Joschkas Staatsminister im Visa-TV: Ich bin klein, mein Herz ist rein …

226 – Ypsilanti SPD-Chefin, Schäfer-Gümbel Spitzenkandidat:
Mit neuem Kopf gegen dieselbe Wand.

227 – Tatort-Kommissar soll Bundespräsident werden! –
Lafontaine & Gysi stellen ihn gegen Köhler auf.

228 – Ein Minister, seine Ex-Geliebte, ihr Baby und der Verdacht einer Straftat,
die uns Steuerzahler ganz viel Geld kostet.

229 – **Krass! Bushido soll CSU-Hymne schreiben.**

230 – Wollen Sie uns verarschen, Frau Schmidt?

231 – 10 Engel für Steini.

232 – Schweinegrippe – Kuss-Verbot im Landtag.

233 – Ehec-Chaos – Schon 23 Tote!

234 – Aber die Politiker gurken nur rum.

235 – Guttbye Germany – Guttenbergs weg aus Deutschland?

236 – Oh, là, là, wir haben's ja – Der ganze Bundestag zum Feiern nach Paris.

237 – Hicks! Prost!

238 – **Grünen-Chefin blau im TV?**

239 – Bundesjungendorchester zu blau zum Auftreten.

240 – Enteignung? Erhard würde sich im Grabe umdrehen!

241 – Die üblen Tricks der Hartz-IV-Schmarotzer ... und wir müssen zahlen.

242 – Deutschlands härtester Politiker empfiehlt:
Dicke Pullover gegen hohe Heizkosten.

243 – Bei Minus 55 Grad Holz hacken: Hessen schickt Schläger (16) nach Sibirien!

244 – So lang wie nie, so frech wie nie, so kalt wie nie:
Bibber-Zone macht 800.000 jeck.

245 – Heide Simonis jetzt ins Dschungel-TV?

246 – Ciao, bella Italia – Basta! Kanzler pfeift auf Pasta.

247 – Beim Barte des Propheten – Schickt Trittin in die Wüste.

248 – Weil wir so viel sparen wird unser Wasser immer teurer.

249 – Das Geständnis – Steuber bräunt sich auf der Sonnenbank.

250 – **Die Atom-Wahlen – Grüne strahlen.**

251 – Turban-Zwang für Westerwelle.

252 – »Wildsau« gegen »Gurkentruppe«.

253 – Ding! Dong! De Jong! Hamburg schon weiter.

254 – Die große Koalition der Diebe – Ihr Steuer-Lügner!

255 – Ökosteuer! Benzinpreis! Jetzt auch noch PKW-Maut?

256 – Wir haben die Schnauze voll! Kanzler, heute gilt's!

257 – **Steuern runter macht Deutschland munter!**

258 – SPD-Rrrums! Parteichef Beck weggeputscht!

259 – Münte wird wieder SPD-Chef! Steinmeier Kanzler-Kandidat!

260 – Tag der Abrechnung bei der CSU: Sie kleben und kleben an ihren Stühlen ...

261 – Pattex-Huber, Tesa-Haderthauer, Uhu-Beckstein.

262 – Politiker streiten um Reiterstaffeln – Was ist billiger?

263 – Unsere Olympia-Stars nur in Blech-Form.

264 – Kartellamt sagt Ja – Bitburger darf Licher schlucken.

265 – FIAT-Chef mit Rucksack bei Merkel: Packt er sich heute Opel ein?

266 – Schalke gegen den Scheich – und Magath gegen Milan.

267 – Rekord-Steuerausfälle – Schwarzer Tag für Deutschland.

268 – Jobs weg, Steuern weg, Spaß weg.

269 – DEUTSCHER VERLAG INSOLVENT: Fix & Foxi sind fix und fertig!

270 – Hosen, Bier, Kompott – alles teuro!

271 – Sogar in Freudenhäusern gibt's schon Euro-Ärger.

272 – Ein ganzer Ort fordert: Wir wollen unseren Puff zurück!

273 – Das 1-BILLION-VERSPRECHEN:
Für welche Sparform gilt die Garantie der Kanzlerin?

274 – Ein anatolischer Schwabe an der Spitze der Grünen: »YES, WE CEM!«

275 – **Mindestlohn ist Maxi-Flop.**

276 – Von unseren Beiträgen! Gratis-Viagra für Krankenkassen-Chefs.

277 – Investor will in 16 Städten Sex-Boxen bauen:
Vögelhäuschen für ganz NRW.

278 – Zwei Groschen für eine saubere Sache –
Köln hat jetzt die einzige Schule mit Klofrau.

279 – Gute Noten! Unser Klopapier, ne saubere Sache.

280 – Verstopfung: Der Deutschen stilles Leiden.

281 – Nur zu Weihnachten! Klopapier mit Spekulatius-Duft.

282 – **So roch der Westen in der DDR!**

283 – Angelas Glück – Ein Beck und kein Strauß.

284 – Bush: Liebes-Attacke auf Merkel – US-Präsident fliegt auf unsere Kanzlerin.

285 – Deutschland gratuliert dem neuen US-Präsidenten:
YES, WE CAN Freunde sein!

286 – Obama küsst Deutschland!

287 – Nach dem Vorschlag der CSU-Politikerin Pauli:
Deutschland diskutiert die Ehe auf Zeit.

288 – Was haben Sie sich dabei gedacht, Frau Pauli?

289 – »DSDS« Immer Bizarrer – Deutschland sucht die Super-Transe.

290 – Zufälle gibt's ... Bohlens Mutter gewinnt 10.000 Euro bei Superstars.

291 – »Für Bohlen mach ich mich nackt!«

292 – So brav ist Bohlens böses Mädchen wirklich.

293 – **Er nannte sie »Everybodys Arschloch«.**

294 – Bald Musikverbot am Ballermann?

295 – Sucht Deutschland jetzt den Super-Spinner?

296 – Verrückter Ordensstreit zwischen RP Jürgen Roters und unserem Volks-Barden – So nicht, mein lieber Heino!

297 – Computer Experte behauptet: »Er hat mich in der Sauna geschlagen.«

298 – Neue Serie in Bild – Superstars der Volksmusik intim.

299 – Darf dieser Arsch für Deutschland singen?

300 – Deutschlands Literatur-Papst geht auf Fernseh-Promis los.

301 – TV-Eklat bei Gottschalk: »Widerwärtig! Nicht zu ertragen! Blödsinn!«

302 – Tatjana Gesell ist nicht zum Aushalten: Weg mit dem Doofen-TV!

303 – Sind Gottschalks Wetten zu gefährlich?

304 – Werder Schaaft es wieder nicht ...
und Chaos Alberto gehört ins Dschungel-Camp.

305 – 312 Kilo auf dem Laufsteg: Germany's next Top-Moppel.

306 – **TOP, DIE WETTE QUILLT!**

307 – Steuer-Amtlich – Dieser Busen wird nur privat genutzt.

308 – Michelle Hunziker spielt Tannenbaum.

309 – Kann ich jetzt wirklich noch Ostereier ausblasen?

310 – Sie ist schön. Sie ist jung. Sie ist Single. Sie ist die Neue.

311 – Herbert Herrmanns Neue ist älter als die Alte.

312 – Juhnke-Sohn schon ganz der Papa.

313 – Wird dieser kleine Türke ein Superstar?

314 – Hat Gottschalks Stiefel-Schnüffler betrogen?

315 – Tokio-Bill über Sex, Ruhm, Bruder.

316 – DSDS + GZSZ = Liebe. Annemarie und Raul sind ein Paar.

317 – Die Spenge-Memme.

318 – Plastikspinne löst Polizeieinsatz aus.

319 – **Latschen-Krieg bei Birkenstock.**

320 – Die schöne Ex-Frau macht der Schuh-Dynastie Konkurrenz.

321 – Alkohol-Tabletten-Mix – machte er Frau Doktors Fäuste fix?

322 – Michi die Rosa Rakete.

323 – Großes Glück für den FC Kleinlaut.

324 – So wurde ein Blitz-K.o. zum Witz-K.o. / 325 – Bild fordert Gurken-TÜV für WM-Kämpfe. / 326 – Rodel-Jodel-Di – Unsere Mädels schlagt ihr nie. / 327 – Nur Frauen holen Gold – Sind unsere Männer Olympia-Schlaffis? / 328 – Sarah Connors Nationalhymne: Peinlicher Sing-Unfall im TV. / 329 – No Angels No Points ... aber sie halten sich immer noch für die Besten. / 330 – Zauberzwerg bekennt vorm Derby Farbe: Gold ist geil! / 331 – Lauft, schwimmt, springt, werft wie griechische Götter! / 332 – No Angels treten gegen Truthahn an. / 333 – WIR SIND STOLZ WIE OSCAR! / 334 – So cruzte Penelope durch die Berliner Nacht ...während alle dachten, sie sei im Kino. / 335 – I feel scheiße! / 336 – Kaiser Wilhelm II. wollte New York erobern! / 337 – Mit 100 Kriegsschiffen, 10.000 Soldaten plante er Angriff auf USA. / 338 – Amerikas härtester Anwalt rät: Steffi, dein Sohn muss Deutscher werden – sonst geht es dir wie Boris. / 339 – Er war doch mal so süß ... Wird Knut zur wilden Bestie? / 340 – Deutschlands böseste Geburtsanzeige: Es ist die bittere Rache einer verlassenen Ehefrau. / 341 – Diese Lehrerin boykottiert die Schlechtschreibreform. / 342 – Jetzt tragen Berlins Eisbären den Pullover der Lebensmüden. / 343 – Glückliches Ende beim Eisbär-Drama: Neuer Knut da! / 344 – Er hat als Einziger überlebt. Er ist gesund. Er wird aufgepäppelt. / 345 – Eisbär-Baby ist ein Mädchen. / 346 – Wird sie mal Frau Knut? / 347 – Ailton wird der Knut der Liga. / 348 – KNUT tut gut! / 349 – Wie viele Flocken macht Flocke jetzt? /

350 – Knut sieht Knutschi zum ersten Mal. Er war völlig begeistert. / 351 – Diese Wüsten-Sonne! – Werden wir alle Afrikaner? / 352 – Töröööööt, ich bin der AfriKnut! / 353 – Florian Silbereisen: Der unheimliche Knutscher. / 354 – Ralfs Klauyota – Bild deckt auf, was von wem in seinem neuen Renner steckt. / 355 – Findet Rehweißchen jetzt sein Rehweibchen? / 356 – Schlechtschreibreform: Ess gibd noc ein'n driten Wek! / 357 – Guckt mal, unser Gemüse ist gaga! / 358 – Hoffentlich al dente! Deutschlands 1. Spaghetti-Automat. / 359 – Ach du lieber Himmel ... 1 Kilo Kokain in religiösen Zeitschriften. / 360 – Von denen hätten wir's am wenigsten gedacht! – Kokain im Musikantenstadel. / 361 – Empörung über Spagetti-Ausraster im Musikantenstadel. / 362 – Ist Skandal-Nudel Moik nicht ganz al dente? / 363 – Grand Prix peinlich wie noch nie. / 364 – Wir zahlen und die andern schieben sich die Punkte zu. / 365 – So popot Kylie ab heute durch Deutschland. / 366 – Auftritts-Verbot beim Grand Prix: Luft raus bei Gummi-Mosi. / 367 – Manager-Frau packt über Lustreisen aus: Zahlte VW Vossen sogar Viagra? / 368 – Scheidung wieder geplatzt! / 369 – Wussow tobt – Yvonne ist zu gierig. / 370 – Frank Ficker – Flucht nach heißer Liebesnacht. / 371 – Wir sind die Sex-Schumis. / 372 – Caramba, Caracho, ORGASMUS! Heino »3 Mal Sex in der Woche – ganz ohne Viagra!« / 373 – Jetzt spricht Hannelore: Beim Sex nimmt Heino seine Brille ab! / 374 – PreMaBüBa macht den Wolf ganz schmusig. / 375 – Akkord-Abzocke in

Wuppertal / 376 – Katholiken-Kinder weniger kriminell. / 377 – Polizeieinsatz wegen Sex im Waschsalon. / 378 – 76 Kaugummis auf einem Quadratmeter. / 379 – RECHNUNGSHOF PRANGERT VERSCHWENDUNG VON STEUERGELDERN AN: Bundeswehr putzt mit Ohrhaaren von Rindern für eine Million Euro! / 380 – Polizei verfolgt fahrendes Skelett. / 381 – Tote müssen Praxis-Gebühr zahlen. / 382 – Hat unsere Polizei nur Watte im Kopf? / 383 – Unsere Polizei lässt sich mal so richtig volllaufen. / 384 – Was kostet 1x Bullenschweine sagen? / 385 – Zirkus-Elefant überfällt Frau und frisst ihre Handtasche. / 386 – Zwei Jahre Knast für Keller-K(n)acken. / 387 – Der WM-Killer – Er erschoss 2 Italiener, weil er nicht glaubte, dass Italien 4-mal Weltmeister wurde. / 388 – Dieser Crash war ganz schön undiplomatisch. / 389 – Mieterbund fordert Eis-Polizei! / 390 – Die Ösis haben uns doch lieb. / 391 – Polizei jagt Gartenzwerg-Mafia. / 392 – »Alte Sau« kostet 2.500 Euro. / 393 – Schreiendes Notebook löst Polizeieinsatz aus. / 394 – Polizei-Razzia wegen Dildo. / 395 – Oma-Killer »Hansi« wieder vor Gericht. / 396 – Bankräuber will mit Beute Geldstrafe bezahlen. 397 – BILD blitzt die Idioten von der Eschersheimer. / 398 – Pipi-Polizei macht Jagd auf üble Wildpinkler. / 399 – Erster Richter verbietet Lachen im Wald. / 400 – Justiz balla-balla? Vergewaltigung mit Barbie & Ken nachgespielt. / 401 – Suchen Sie auf diesem Foto den Verbrecher! / 402 – Was macht denn da der Mann im Wald? / 403 – Bürokraten lassen Ameisen zählen. / 404 – Betreten des

Waldes verboten, Gefahr für Kinder und Pilzsammler! / 405 – Hänsel & Gretel pervers – Als Junge lief der Menschenfresser immer rüber zu der unheimlichen Nachbarin, die den Satan verherrlichte. / 406 – Ist diese Frau der Schlüssel zu seiner bösen Seite? / 407 – Nachbarin mit Bockwurst erstickt? / 408 – Ihr hartzlosen Bürokraten! Wollt ihr das wirklich? / 409 – Erste Behörde plant Mittagsschlaf für Beamte! / 410 – Das ist hart – Staat zahlt Beamten Viagra. / 411 – So lustig wird im Arbeitsamt gefeiert ... nur Arbeitslose waren nicht eingeladen! / 412 – Soko jagt Kaninchen-Killer. / 413 – Jetzt kleben sie den Kuckuck auch auf Hunde. / 414 – Woran erkenne ich, dass mein Haustier schwul ist? / 415 – Sind unsere Stadthunde alle zu fett? / 416 – Polizisten stellten Deutschlands schrillsten Räuber: Kaninchen im SM-Rausch geklaut? / 417 – Die Bürokraten drehen völlig durch! / 418 – Bauern jagen Gemüsediebe mit Nachsichtgeräten. / 419 – Die Wahrheit über die Kuppel-Show von RTL: So viel Mist steckt in »Bauer sucht Frau«. / 420 – Landwirtschaftsministerin Bauer kriegt Frau. / 421 – Wie ist das, wenn einen der sexiest Mann der Welt auf den Händen trägt, Frau Ministerin? / 422 – Gartenzwergbande schlug wieder zu. / 423 – Garten-Nazis! – Reinhard Mey beleidigt Nachbarn. / 424 – Kehrt denn niemals Frieden ein an den deutschen Maschendrahtzäunen? / 425 Omi schlägt Omi k.o. / 426 – Au Weia – Da »blüht« uns was. / 427 – Oma Hasch und ihr total bekiffter Garten.

428 – Zollfahnder kamen der Bande auf die Spur.

429 – Piraten fälschen unseren guten alten Gartenzwerg.

430 – **50 falsche Zähne geklaut.**

431 – Polizei bildet Geier für Leichensuche aus.

432 – Hasen-Klage von Lehrerin abgeschmettert.

433 – Vermummter Allergiker löst Polizei-Einsatz aus.

434 – 600 Jahre! Deutschlands ältester Kindergarten entdeckt.

435 – St. Martin wirft nach 27 Jahren den Mantel hin.
»Die Kinder lachen doch heute über mich.«

436 – Kindergarten nimmt Fingerabdrücke von Eltern.

437 – Tierheim-Irrsinn: Anal-Massage für Eichhörnchen! Und wir zahlen dafür…

438 – Nach Feuer-Inferno mit 9 Toten: ARD setzt Türken-Tatort ab.

439 – Feuerwehr fährt Porsche – Tatütata wir haben's ja!

440 – Sauerei! Schweinepest wieder zurück!

441 – Putzt schnell die Platte, ihr illegalen Scheibenwischer!

442 – Dresdner-Bank-Chefs kassieren 58 Mio. Euro: Die gierigen Geld-Säcke!

443 – Massen-Razzia bei den Gierigsten.

444 – Neuer Dortmund-Boss droht den Versagern: Sieg – oder Blut am Pfosten.

445 – **Museum of Modern Arsch eröffnet.**

446 – 60 Jahre Werke: Kunst-Wunderland Bundesrepublik.

447 – Gefängnisbücherei ist »Bibliothek des Jahres«.

448 – Knast-Aufsehern sind Gittertüren zu schwer.

449 – Was jetzt jeder wissen muss! Isolationshaft ist Legalisierung der Folter!

450 – **Wer den Tod liebt, kann ihn haben!**

451 – Sprechen sie Knastisch? Jetzt gibt's das erste deutsche Gefängnis-Lexikon.

452 – Kachelmann im Knast!

453 – In Berlin wird die Gefängnis-Post an den Terroristen Rolf Heißler gezeigt.

454 – Die perverse RAF-Ausstellung.

455 – Hier sehen Sie Deutschlands dümmste Bankräuber.

456 – Dreister Dieb fordert per Brief nachträglich Beute.

457 – Deutschland wird immer ärmer und dümmer!

458 – Jack the Ripper ein Deutscher –
Er wurde nach 114 Jahren durch Speichelproben überführt.

459 – Diese nette Omi ist die »Phantom-Killerin«: Ihre DNA wurde an 39 Tatorten gefunden, weil sie für die Polizei Wattestäbchen verpackt hatte.

460 – Auf diesem Bild fehlen ein Wachmann und 500.000 Euro ...

461 – Warum gibt es Sex-Zellen für Mörder?

462 – Huch, hier geht's ja in den Rhein ...

463 – Automarder schlugen am Marderweg zu.

464 – **Mäuse horten Nudeln in Opel-Motorraum!**

465 – 17 Mio. Jahre alter Hamster-Bau entdeckt.

466 – Das ist das platte Werk einer Kinderbande ... wegen einer Frau!

467 – Der Schlecker-Schrecker – unbekannter Täter überfiel 28 Drogeriemärkte.

468 – Nach 30 Jahren Ehe: Ehefrau erschlug ihren Mann mit dem Nudelholz.

469 – 50 Jahr nach dem Mord an der Edelhure!

470 – Hier wird der Kopf der Nitribitt beigesetzt ...
und ihre Schwester weinte vor Erleichterung.

471 – Bestatter gesteht Grusel-Mord.

472 – Kennen die denn keinen Anstand?

473 – Gierige Banker klagen Millionen-Prämien ein.

474 – Karnevalisten jagen den fiesen Pipi-Jecken.

475 – Wie geht das noch mal?

476 – Ansturm morgens um 9 Uhr.
Hier rangeln Aldi-Kunden um Kunst für 12,99 Euro.

477 – **Das ist doch Quak, Enten-Gabi!**

478 – Annina schau, wir sind die Leckersten vom Bau!

479 – Wegen ihrer leckeren Brötchen – Karnevalsverein will nackte Bäckerin feuern.

480 – Wie doof sind die denn?

481 – Schlecker-Schrecker gefasst! In NRW überwältigte ihn die Polizei.

482 – Huch, was hat Google denn da gefilmt?

483 – Enten erobern die Mosel.

484 – FC Haargel: Kriegen jetzt alle Magaths Frisur?

485 – So lässig standen ihm die Federn noch nie zu Berge.

486 – Schweini – Borsten von Hoeneß genehmigt.

487 – Keine Lust auf WM? Genießen Sie KULTUR pur.

488 – 6 Flaschen Bier + eine Tüte Erdnuss-Flips + 1 Deutschland-Fahne nur 99Cent!

489 – WM-Trikots maßgeschneidert auch für Hunde.

490 – Wuff! Jetzt ist Fiffi Schwarz-Rot-Geil.

491 – Wie deutsch ist die Meisterschaft?

492 – **Müssen wir amerikanisches Bier trinken?**

493 – Schamane hext gegen Klinsi.

494 – Die Hände Deutschlands gegen die Füße Gottes.

495 – WM-Pfarrer für Klinsi.

496 – Deutschland im WM-Rausch: Schwarz-Rot-Geil!

497 – Nur Ballack tanzt aus der Reihe.

498 – Darum hat Poldi Ballack eine geschmiert!

499 – Ist Ballack als Cheffe überfordert?

500 – Interessiert ihn denn Deutschland gar nicht mehr?

501 – Klinsi trainiert Gummi-Twist.

502 – Schießen wir jetzt mehr Tore?

503 – Nach dem Knutsch-Urlaub – Kahn übt Seitensprung.

504 – Drinner geht's nicht! – Pöbel-Anfall nach geklautem Tor.

505 – King Kahn: Hebt jetzt bloß nicht ab!

506 – Flattert Lehmann oder der Ball?

507 – Jens PROBLEHMANN – weil er bei Arsenal nicht spielt, muss Löw seine Pläne ändern.

508 – EM-Krieg gegen uns! Polen-Zeitung köpft Jogi & Ballack.

509 – **Klinsi putz die Polski!**

510 – Heute Mini-WM: Deutschland-Australien.

511 – Haut den Kängurus den Beutel voll!

512 – ITALO BRUTALO – Die Weltmeister treten sich im Training gegenseitig um.

513 – Mama Mia, wir sind schlecht.

514 – Pizza Quattro Gegentori: Ist das Deutschlands ekligste Pizza?

515 – Heute verputzen unsere Jungs Pizza Arrivederci!

516 – **Achtung, Jogi! Die Russen kommen!**

517 – Wir müssen jetzt um die WM zittern.

518 – Traumstart in die EM: Poldi putzt die Polski!

519 – Klinsi heißt jetzt nur noch Grinsi.

520 – Ballack, Poldi, Schweini – Dieser Sieg ist geili!

521 – Jetzt doch! Deutsches Bier bei unserer WM.

522 – Klinsi, das war Klosartig!

523 – Schiri Besoffski. Pfiff er mit 2,6 Promille?

524 – Krimi gegen Portugal!

525 – Jetzt EM-Halbfinale: SCHWEINI-GEIL.

526 – Bei der WM Vize, im Feiern Weltmeister!

527 – **Danke für die geile Zeit!**

528 – Spanien war einfach besser.

529 – Wir sind trotzdem stolz auf euch!

530 – Der Absturz unserer WM-Lieblinge: SCHWEINI nur noch sauschlecht. POLDI nur noch Werbeprinz.

531 – Ist Schumi der letzte Deutsche, der noch siegen kann?

532 – Trocknet eure Tränen! / 533 – Wir stehen wieder auf! / 534 – 50 Gründe warum wir doch die Besten sind. / 535 – Jogi, warum können wir die nicht wegnudeln? / 536 – Ohne den weißen Riesen nur noch grüne Zwerge. / 537 – Uff, mir graut vor Magath. / 538 – So ein Sch…! jetzt müssen wir vor Ghana zittern. / 539 – Bushido singt unser WM-Lied. / 540 – Vom Wunder-Dorf zum Sauhaufen. Ab'zapft is'. / 541 – Hat Heynckes die Meister-Pillen für Bayer? / 542 – Bayern katastrophgaal. / 543 – Yes, we gähn! / 544 – Muslime wollen Schalke-Hymne verbieten! / 545 – Amtlich: Schalke-Hymne nicht islamfeindlich. / 546 – Schwarz – Die neuen National-Trikots: Rudi jetzt mit Zorro-Elf. / 547 – Tatort Nürnberg: Schwerer Tomaten-Rückfall. / 548 – Lieber DFB, muss das wirklich sein? / 549 – Einzelhaft für Trainer. / 550 – LABBADIA DA! – Greuther Fürth gab den Trainer gegen neue Spieler frei. / 551 – Kickt die DDR noch mal bei der EM? / 552 – Deutschland Weltmeisterin? / 553 – Wann sehen wir die erste Frau in der Bundesliga? / 554 – So schnell vergehen 100 Jahre, Herr Hoeneß. / 555 – Schalke gegen Krakau wie die Würste. / 556 – Eine Schande für den deutschen Fussball: 0:2! / 557 – Hat Hitzfeld fertig? / 558 – Schwaches Spiel in Bremen. Bayern stürzt immer tiefer. / 559 – Super-Messi verputzt Bayerns Weißwürste. / 560 – Die 1:5 Schande – Rudis Wurst-Truppe … Wir haben euch satt! / 561 – Dortmunds Pommes-Krise – Sammer verzweifelt an satten Fußball-Millionären. / 562 – Feinkost Käfer krabbelte die Frau da-

von. / 563 – Börüssia Dörtmünd – Jetzt wird's ernst. / 564 – In »Düsselkusen« verspielt ihr ALLES! / 565 – Heute (20.45 Uhr) verputzen wir euch: Auf Wienersehen, ihr Ösi-Würstchen! / 566 – Bayern-Premiere in Düsseldorf. / 567 – Das stößt übel auf: Kölsch in unserer Arena. / 568 – Schiris suspendiert! / 569 – Liga-Bosse sprechen jetzt auch von Korruption. / 570 – Wut auf Fußballversager – Für euch Flaschen gibt's nicht mal Pfand. / 571 – Ganz Deutschland Rudi-Rallala. / 572 – Jetzt plätten wir die Letten! / 573 – Der Fußball-Millionär beleidigt Millionen ohne Job. / 574 – Effes eigener Bruder ist arbeitslos. Schäm dich, Effe! / 575 – Die Ösis haben schon wieder ne große Klappe. / 576 – So verpennt Werder die Champions League: Die Schaaf-Mützen. / 577 – Töre, Töre, Töre – Sonst gibt's was auf die Öhre! / 578 – 0:2 – Ungarn machten Gulasch aus uns. / 579 – Rehakles fragt erst seine Frau, bevor er sich für Deutschland entscheidet. / 580 – Beate, rück den Otto raus! / 581 – Wie viel Arschloch muss man im Fußball sein? / 582 – Aus! Rudi, wir sind die Deppen Europas. / 583 – 2:1 Ramelow & Klose, sonst tote Hose. / 584 – Rudi, heute Törli, Törli! / 585 – Koller-Drama: Blitz-Tor – dann verletzt raus. / 586 – Toll war NUR DIESES Tor von Noll. / 587 – 2:0 gegen die Schweiz – Zwei Törli ... aber noch viel Käse. / 588 – Fußball-Macho Assauer schmeißt alles hin. »Ihr könnt mich mal!« / 589 – Die Hosenscheißer der Nation. / 590 – Hopp jetzt top! / 591 – Wer holt Klopp? / 592 – Matthäus holt auf.

014 — War Hitler doch kein Österreicher?

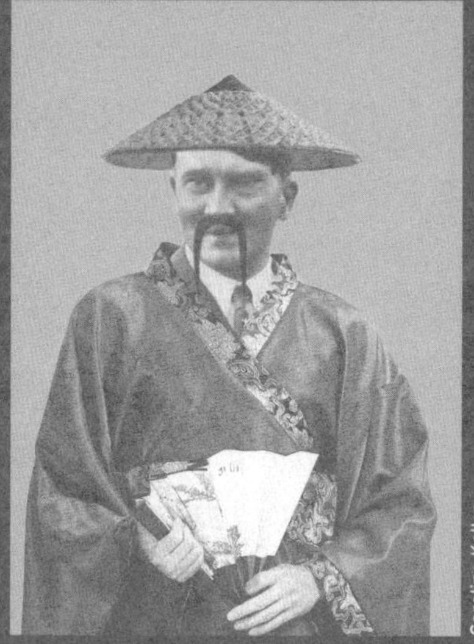

Caroline Keller

014 — War Hitler doch kein Österreicher?

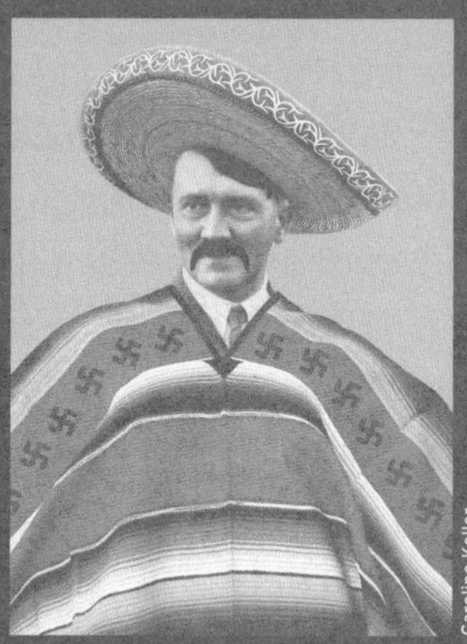

Caroline Keller

014 — War Hitler doch kein Österreicher?

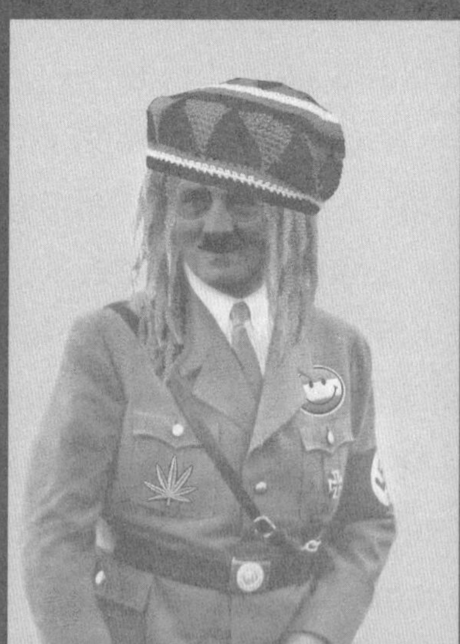

Caroline Keller

024 – Riesenzoff um goldenen Nazi-Zwerg.

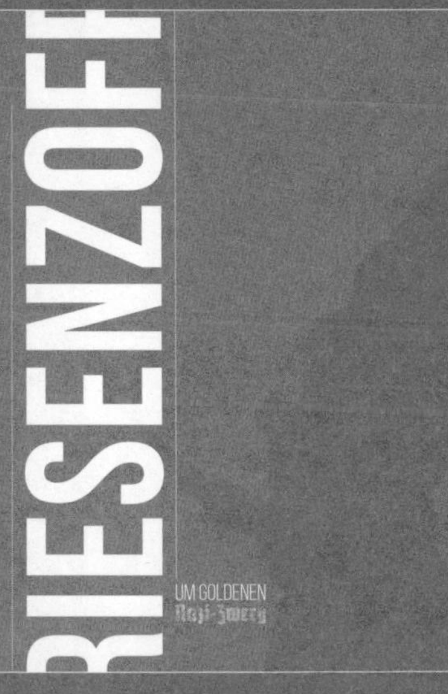

Robin Lukas

027 – Rettung der Erde kostet jeden Deutschen 60 Euro.

Fabian Kargl

065 – Wissenschaftler haben endlich bewiesen, was Herrchen längst wusste: Hunde verstehen Deutsch.

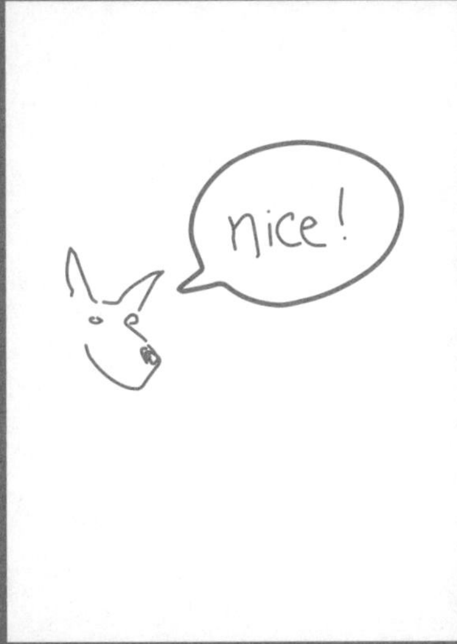

Lars Siebert

150 – Ideenrausch besser als Komasaufen.

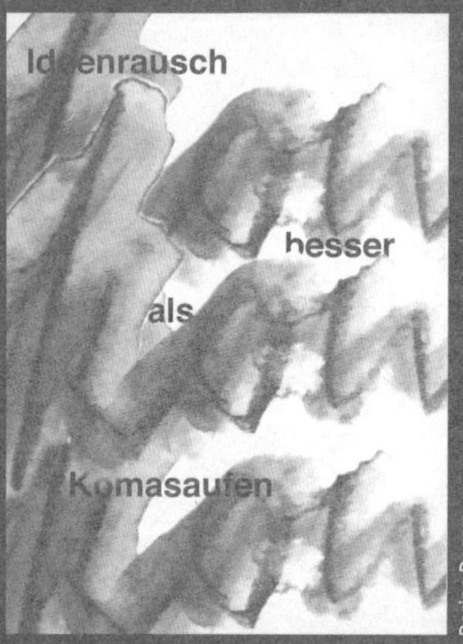

Dorina Dogan

150 – Ideenrausch besser als Komasaufen.

Ideenrausch besser als Komasaufen!

Elena Ruers

281 – Nur zu Weihnachten! Klopapier mit Spekulatius-Duft.

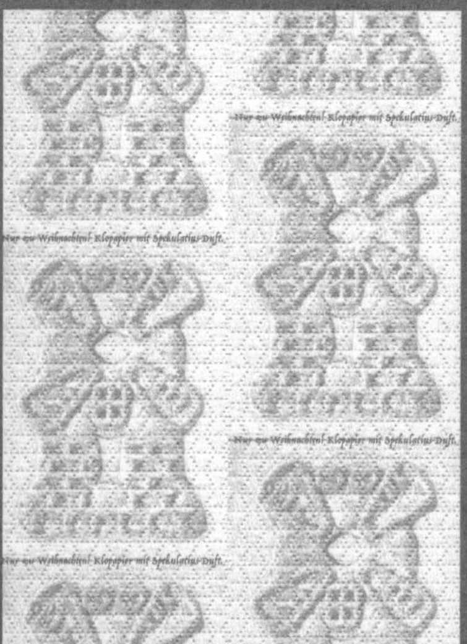

Nina Mack

437 – Tierheim-Irrsinn: Anal-Massage für Eichhörnchen! Und wir zahlen dafür ...

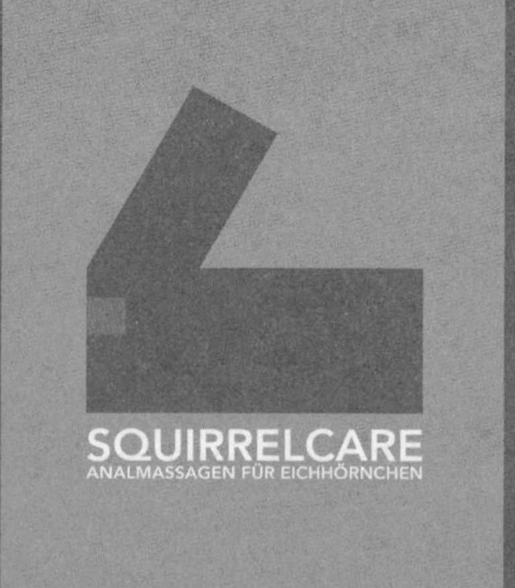

Robin Lukas

414 – Woran erkenne ich, dass mein Haustier schwul ist?

Elena Ruers / Caroline Keller

457 – Deutschland wird immer ärmer und dümmer!

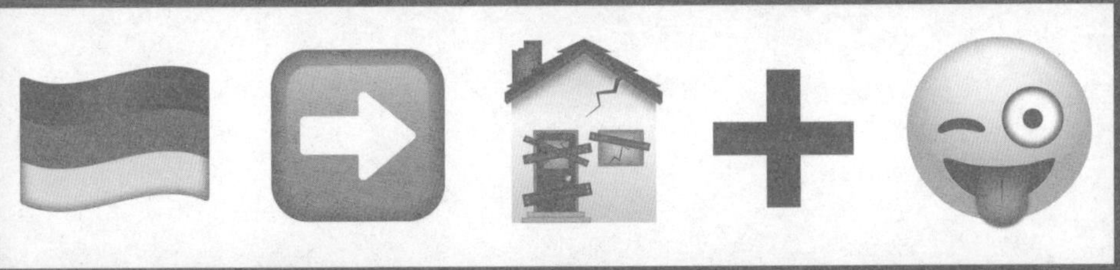

Elena Ruers / Caroline Keller

Rest der Welt

anz
Oris
iumt
n der
iebe

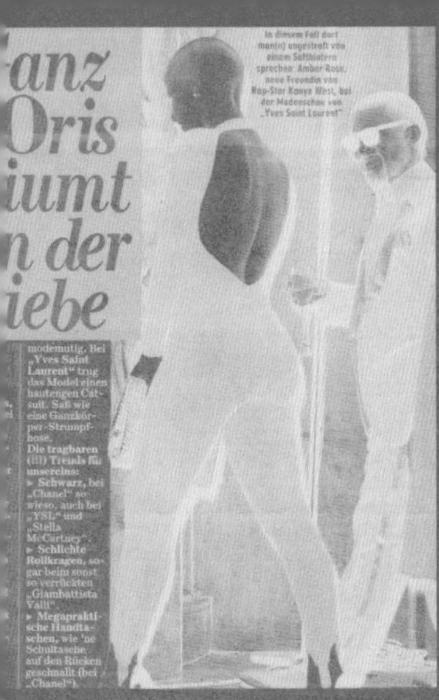

In diesem Fall darf man(n) ungestraft von einem Saftblatern sprechen: Amber Rose, neue Freundin von Rap-Star Kanye West, bei der Modenschau von „Yves Saint Laurent"

modemutig. Bei „Yves Saint Laurent" trug das Model einen hautengen Catsuit. Saß wie eine Ganzkörper-Strumpfhose.

Die tragbaren (!!!) Trends für unsereins:

► Schwarz, bei „Chanel" sowieso, auch bei „YSL" und „Stella McCartney".

► Schlichte Rollkragen, sogar beim sonst so verrückten „Giambattista Valli".

► Megapraktische Handtaschen, wie 'ne Schultasche auf den Rücken geschnallt (bei „Chanel").

. Juli 2001
20. Juli 2011

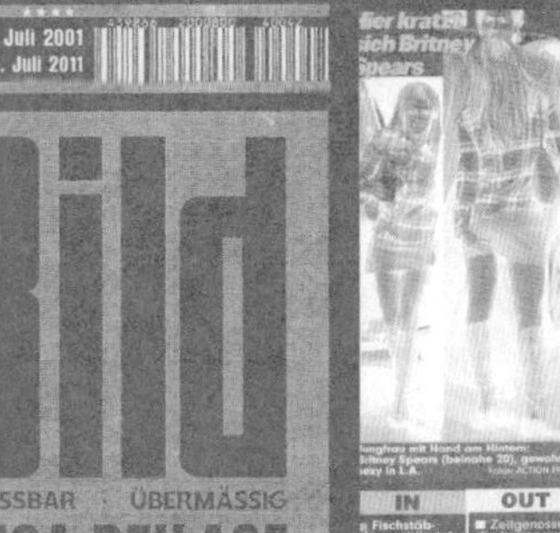

Bild

ASSBAR · ÜBERMÄSSIG
EGA-BEILAGE

Deutschland im Wort der Bild

e, du trinkst zu viel dka in Moskau!

Moskau – Wodka-Vollrausch in Moskau? Hier werden Betrunkene jetzt ganz Platz sparend ausgenüchtert.

Ein Russe sitzt im Slip auf einem Stuhl. Er weiß nicht mehr, wie er heißt und wo er wohnt. Polizisten nahmen den Mann mit auf die Wache, fesselten ihn an den neuen Spezialstuhl. Ein Polizeisprecher: „Wir haben nicht genug Ausnüchterungszellen. Betrunkene verbringen jetzt die Nacht auf dem Stuhl, werden am nächsten Tag wieder entlassen."

hterungsstuhl: Moskauer Polizisn einen Betrunkenen fest Foto: Epa

SELL CROWE

Gladiator um uzinator

ussell Crowe (46) at nach eigenen ngaben überhaupt keine Lust ehr auf große Hollywood-Produktionen. Schade! Denn für das Historienspektakel „Gladiator" musste er sich einen gestählten Leder-Body antrainieren. Davon ist Russell mit seiner Plauze derzeit mindestens 20 Kilo entfernt …

Kuschelnd: Russell bei einem Charity Event in Neuseeland

Eine Geschichte, die man kaum glauben kann

Russische Fischer fingen Alien und aßen es auf

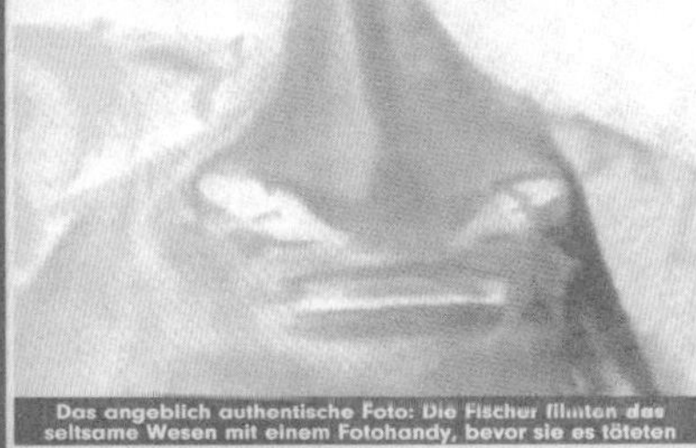

Das angeblich authentische Foto: Die Fischer filmten das seltsame Wesen mit einem Fotohandy, bevor sie es töteten

Der Fund beschäftigt Ufo-Forscher seit Tagen: Russische Fischer behaupten, im Asowschen Meer (Südrussland) ein lebendes Alien gefangen und gegessen zu haben!

Während eines starken Sturmes soll ihnen das 100-Kilo-Wesen ins Netz gegangen sein, so die Tageszeitung „Komsomolskaja Prawda". Die Männer filmten es mit einem Fotohandy: Zipfelförmiger Körper mit seitlichem „Teufelsgesicht", dazu langer spitzer Schwanz. Aus Hunger töteten sie das Wesen später während der wochenlangen Fahrt. Es gab dabei merkwürdige „quietschende Laute" von sich. Das Fleisch war ungewöhnlich zart, sagten die Männer.

Den Wissenschaftlern an Land blieb nur, die Aufnahmen auszuwerten. Bisher konnten sie keine bekannte Tierart eindeutig identifizieren. Vielleicht kam dieses Wesen ja wirklich aus einer anderen Welt …

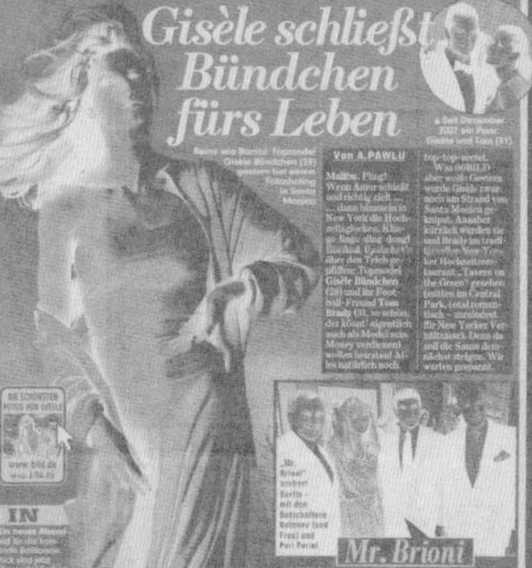

Gisèle schließt Bündchen fürs Leben

Beine wie Bambi: Topmodel Gisèle Bündchen (28) gestern bei einem Fotoshooting in Santa Monica

Seit Dezember 2007 ein Paar: Gisèle und Tom (31)

Von A. PAWLU

Malibu. Pling! Wenn Amor schießt und richtig zielt … dann bimmeln in New York die Hochzeitsglocken. Klinge linge ding dong! … über den Teich gepfiffen: Topmodel Gisèle Bündchen (28) und ihr Football-Freund Tom Brady (31, so schön, der könnt' eigentlich auch als Model sein Money verdienen) wollen heiraten! Alles natürlich noch top-top-secret.

Was BILD aber weiß: Gestern wurde Gisèle zwar noch am Strand von Santa Monica geknipst. Aaaaber kürzlich wurden sie und Brady im traditionellen New Yorker Hochzeitsrestaurant „Tavern on the Green" gesehen (mitten im Central Park, total romantisch – zumindest für New Yorker Verhältnisse). Denn da soll die Sause demnächst steigen. Wir warten gespannt.

„Mr. Brioni" erobert Berlin – mit den Botschaftern Kotenev (und Frau) und Puri Purini

Mr. Brioni

Fernbedienung für Garage läßt Penis stehen

London – Ein Brite hatte Schwierigkeiten mit der Potenz, ließ sich in der Türkei eine elektronische Erektionshilfe einpflanzen. Seitdem hat er ein Problem: Jedes Mal, wenn sein Nachbar mit der Fernbedienung die Garage öffnet, bekommt der Brite eine Erektion. Die Funkwellen der Fernbedienung aktivieren die Erektionshilfe! Ärzte sind ratlos – die türkischen Bauteile sind ihnen unbekannt.

Endlich erforscht! Warum Frauen so viel quasseln

San Francisco – **Jetzt ist es bewiesen: Frauen reden fast dreimal so viel wie Männer. Aber sie können gar nichts dafür!**

Ausgerechnet eine Frau bestätigt das alte Klischee: Frauen sprechen 20 000 Wörter pro Tag, Männer nur 7000. Die US-Neurologin Louann Brizendine (53) fand die Ursache: Das weibliche Gehirn hat elf Prozent mehr Nervenzellen als das männliche – besonders im Bereich, der für Gefühle und Erinnerungen zuständig ist.

In ihrem Buch „Das weibliche Gehirn" (bisher nur in den USA erschienen) dokumentiert die Forscherin auch, dass Frauen höchstens einmal pro Woche an Sex denken, Männer aber alle 58 Sekunden. Brizendine: **„Frauen haben quasi eine achtspurige Autobahn, um Gefühle zu entwickeln, Männer nur eine Landstraße."**

Thatcher in Toilette eingeschlossen

London – **Bisher geheime Regierungsdokumente belegen eine lustige Episode britischer Politik: Ex-Premierministerin Margaret Thatcher wurde bei ihrem ersten USA-Besuch 1977 noch vor ihrem Antritt mehrfach in der Hotel-Toilette eingeschlossen. Grund: Die Türklinke funktionierte nicht richtig, die „Eiserne Lady" musste von außen befreit werden.**

17. April 2007 ★ BILD-BUNDESAUSGABE ★ Seite 13

Hase greift Rentnerpaar an

Wien – **Ein wild gewordener Feldhase hat in Österreich eine Rentnerin (74) angegriffen. Das aggressive Tier attackierte auch den Ehemann sowie Polizisten, die den Hasen schließlich erschossen. Die Frau wollte in ihrem Garten Wäsche aufhängen, als der Hase sie in den Fuß biss und danach mit ihrem Ehemann kämpfte.**

Kriegt die Nasa heute einen hoch?

Das Space-Shuttle „Discovery" soll beim 3. Versuch heute auch starten, wenn der Sensor am Außentank wieder nicht funktioniert! Das sagte Nasa-Direktor Michael Griffin (56).

Beim letzten Mal hatte ein Tanksensor nicht funktioniert, die Ursache blieb unklar. Die Nasa holte sogar einen längst pensionierten Ingenieur aus der Rente, um das veraltete Raumschiff zu überprüfen – vergeblich.

Die insgesamt vier Sensoren sind wichtig, um Lecks im Tank festzustellen und Explosionen bei zu geringer Treibstoffmenge zu verhindern. Zwar reichen dafür zwei Sensoren, zur Vorsicht sollen beim Start aber alle vier funktionieren.

Um 16.39 Uhr deutscher Zeit soll die „Discovery" in Florida starten, wenn sich eine heranziehende Unwetter-Front nicht verstärkt. Um die gleiche Zeit war vor zweieinhalb Jahren (16. Januar 2003) die „Columbia" gestartet – und in der Luft explodiert. Seitdem ruhte das Programm.

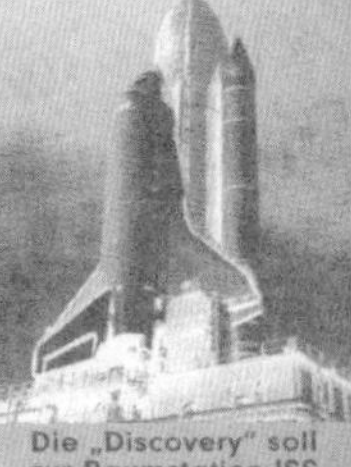

Die „Discovery" soll zur Raumstation ISS fliegen, zwölf Tage im All bleiben Foto: AP

001 – Pfui! Wie gemein!
Zoobesucher bringen Schimpansen das Rauchen bei!

002 – Endlich! Das Frauen-Kondom gegen Vergewaltiger.

003 – Der gefährlichste Swimmingpool der Welt.

004 – Mit Boris in Abu Dhabi – Dhabi'n ich platt!

005 – Aus Angst! Chinesen verstecken olympisches Feuer.

006 – Olympia-Fackel für China. Prügel für die Mönche.

007 – Schwalzblot für China.

008 – Ich bin Olympiasiegerin! Jetzt muss sich jeder meinen Namen merken: Jaroenrattanatarakoon.

009 – Iran hetzt: Merkel ist wie Hitler!

010 – Hier werden die Mekka-Pfeile aufgeklebt.

011 – Ausgerechnet beim KGB in Moskau!
Hitlers Partei-Abzeichen geklaut.

012 – Einbrecher verwüsten Görings Yacht.

013 – **Heiliger Schrein gegen Wildpinkler.**

014 – »Christliches« Disneyland auf Mallorca!

015 – Muhammad Affi gegen Rocky Schimpanski.

016 – Schimpansin raucht nach Sex-Frust.

017 – Porno-Video für sexmüde Pandadame.

018 – Scheich zahlt 9,7 Mio. Euro für Wunschkennzeichen.

019 – Der Irre von Teheran schießt Rakete ins All.

020 – Das Ur-Huhn war ein Dino.

021 – Ist das die älteste Kellnerin der Welt?

022 – Pharao verstaubte in Provinzmuseum.

023 – Tutanchamun starb nach einem Verkehrsunfall.

024 – Japaner kamen nicht mal am Schiri vorbei.

025 – GROTTEN-KICK!

026 – 1. Lehrer-Roboter: Die Computer-Frau unterrichtet in Japan – und kann sogar böse werden.

027 – Das Gruselkabinett von Dr. Tiefsee.

028 – Blaue Flugbegleiter hauen Passagier blaues Auge.

029 – Zugpassagiere mit Mehlwürmern beworfen.

030 – Tourist kollidiert mit Elefanten.

031 – Tausende Inder verehren Jesusbild auf Fladenbrot.

032 – Bischofskonferenz endet in Massenschlägerei.

033 – Parlamentsdebatte auf Japanisch.

034 – Affen besetzten Botschaft.

035 – Sekte verlässt Erdloch.

036 – **Entschuldigung für gekochten Missionar.**

037 – Verarscht Bolt uns alle?

038 – Tyrannosaurus Grins.

039 – Häftling Saddam züchtet Blumen und schreibt Gedichte an Bush.

040 – Seine Aufseher packen aus! Saddam liebt Ami-Müsli, Chips & Frauen, die kochen können.

041 – **Saddams Hund wird Texaner.**

042 – Saddam ist jetzt Knast-Gärtner.

043 – Fluchtplan: Verkleidet sich Saddam als US-Soldat?

044 – Saddams Lügenminister versteckt sich hinter Tante.

045 – Chinesen üben bemannte Raumfahrt mit Teddys und Puppen.

046 – China schickt Schweine ins Weltall.

047 – Hallo, bin wiedel zulück aus dem Weltlaum!

063 – Das Lotto-Mysterium aus dem All. / 064 – BILD-Leser knipst UFO (oder doch nur eine Wolke?). / 065 – Die Erde kriegt drei neue Geschwister. / 066 – Nach 7 Jahren. Teuerster Staubsauger der Welt gelandet. / 067 – BEWIESEN! Auf dem Mars gibt es Wasser. / 068 – VON WEGEN MILCHSTRASSE! Alkohol-Wolke im All entdeckt ... leider kann man sie nicht trinken! / 069 – Nasa hat errechnet: Weltuntergang in 96 Jahren? / 070 – Forscher sicher! Durch ein Wurmloch geht's in die Vergangenheit. / 071 – Ich bin Deutschlands 1. Anwalt für Alien-Opfer. / 072 – Dieser Astronaut ist 2.500 Jahre alt. / 073 – Werfen Aliens mit Monster-Kohlköpfen? / 074 – Forscher alarmiert! UFO-Kugeln am Nordpol entdeckt? / 075 – Rätsel um Knäuel aus dem All. / 076 – Geheime UFO-Akten der Briten. Außerirdische tragen grüne Overalls. / 077 – Stammen wir von den Mars-Männchen ab? / 078 – Forscher-Sensation! Mars-Menschen leben im Mars! Darum haben wir sie auch noch nie gesehen. / 079 – Alien-Alarm tief unter der Erde? / 080 – E.T. der Außerirdische in Baum entdeckt! / 081 – Haben Außerirdische diese Blume gemalt? / 082 – Hitler ließ heimlich Ufos bauen. / 083 – Raumsonde »Pioneer 10« von Aliens entführt. / 084 – Landeten die 1. Ufos in Dresden? / 085 – Neue Erde entdeckt! Faszinierend! / 086 – Ohren von Mr. Spock werden versteigert. / 087 – Gaga! Rote Karte! Maradonna spielt Terrorist bin Laden. / 088 – Mara-Tonna ließ sich die göttliche Wampe verkleinern. / 089 – Stammt Paris Hilton von Karl dem Großen ab? / 090 –

Platter Scherz mit Gürteltier … / 091 – Paar legt Fingerkuppe in Chili-Suppe. / 092 – Im US-Motorsport! Henkel drückt mächtig auf die Tube. / 093 – Hamilton: Titel oder Trottel? / 094 – Was treibt Michael Jackson hinter dieser Blümchengardine? / 095 – Michael Jackson will von Dr. Tod plastiniert werden. / 096 – Good Morning, Mr. President. Machen sie die Welt besser! / 097 – 100 Tage Obama. CAN HE ES WIRKLICH? / 098 – Gib mir deine Flosse und tanz mit mir! / 099 – Geheim-Kommando Seelöwe. Sie sollen gegen Saddam Hussein kämpfen. / 100 – Yes, Michelle Obama can Gemüse pflanzen! / 101 – Gärtner schießt auf Rasenmäher. / 102 – Ich heirate jeder Frau, die mir schöne Augen macht. / 103 – Liebespaar stürzt beim Sex von Dach. / 104 – First Lady Laura Bush für »Safer Snacks«. / 105 – Gisele schließt Bündchen fürs Leben. / 106 – Der Falsche Tourist vom World Trade Center. / 107 – Keine Idee für Karneval? Saddams Uniform wird versteigert. / 108 – Kassiererinnen im Supermarkt müssen Windeln tragen. / 109 – Ungerechte Chefs verkürzen das Leben. / 110 – »King Kong«-Star krault jetzt 'nen Affen. / 111 – BRAD & ANGELINA: Pitt-Stop mit den Zwillingen. / 112 – King Bizeps und die Mucki-Frauen. / 113 – Olé! Shakira & Penélope Cruz schwingen ihre Latina-Lenden. / 114 – Kriegt die NASA heute einen hoch? / 115 – Mexiko wehrt sich gegen »Finger im Po«. / 116 – WUNDER in New York. Airbus stürzt in Fluss! Alle überleben! / 117 – Jesus ging nicht übers Wasser – es war Blitzeis! / 118 – Endlich erforscht! Warum Frauen soviel quasseln. /

119 – Britney randaliert – Britney mit Perücke zur Polizei. / 120 – Hier kratzt sich Britney Spears. / 121 – Die ersten Menschen, die lieb zueinander waren. / 122 – Dieser Forscher hat sich selbst geklont. / 123 – Können Millionen T-Shirts irren? / 124 – Dieser Glatzen-Playboy ist Ché Guevara. / 125 – Fidel Castro verschenkt seine Schatzinsel. / 126 – Wann ist Kuba libre? / 127 – Schickt Castro Hai-Guevaras nach USA? / 128 – Die 10 verrücktesten Entdeckungen 2004. / 129 – MEDIZIN-SENSATION! Medikament verlängert Wimpern. / 130 – Ur-Menschen gingen auch schon fremd. / 131 – Bevölkerungsschub auf Meuterer-Insel. / 132 – Godzilla hat gelebt! / 133 – Ur-Ottifant entdeckt! / 134 – Enthüllt! Bin Ladens Arbeitsverträge. / 135 – Schnäppchen! Empire State Building zu verkaufen. / 136 – Zum Abschied begnadigte Arnie die Killer-Hure von Kalifornien. / 137 – Mel Gibson – Ekliger Nazi-Ausraster gegen Winona Ryder. / 138 – Russel Crowe – Vom Gladiator zum Plauzinator. / 139 – Ist dein Bizeps noch straff, Opa Stallone? / 140 – Eurotunnel verschluckt Vorgärten. / 141 – Chip verschluckt! / 142 – Auto fährt nur noch mit Hund! / 143 – Schreck, die Wüstenfamilie ist weg! / 144 – Geklautes Auto repariert zurück. / 145 – Schüler (16) stiehlt Straßenwalze. / 146 – Wachs-Hitler heimlich nach London gebracht. / 147 – Das total versexte Viagra-Dorf. / 148 – Beerensammler als Elch erschossen! / 149 – Leichenschmaus endet tödlich – Knochen-Paparazzi! / 150 – Heute ist Welt-Vegetariertag – Das schönste Gulasch-Rezept in BILD. / 151 –

Toilettenspülung spielt Hymne. / 152 – »Miss Knoblauch« – Wahl im Dracula-Land. / 153 – Toilettenpapier mit Blaulicht. / 154 – Psst! Das Rätsel um den Schrei ist gelöst. / 155 – Teuerste Würstchenbude kostet 6,6 Millionen Mark. / 156 – Die spinnen ja! / 157 – Auktions-Coup – Saddams linkes Bein zu verkaufen! / 158 – Ich bin sooo ein Lügner! Betrüger! Vollidiot! / 159 – Macht Schluss mit der Spritz-Tour! / 160 – Wohnst du schon oder schraubst du noch? / 161 – Blondinen machen Männer blöd. / 162 – 9 Prozent haben das Dumm-Gen. / 163 – Intelligenz schützt vor frühem Tod. / 164 – Zu hungrige Frauen sind Gefahr im Straßenverkehr. / 165 – Torte – so entschärfen sie das Fett. / 166 – Es spukte! Gemeinderat zahlte Exorzisten Hexen-Ausbildung. / 167 – Gericht urteilt über Schweißfuß. / 168 – Der Botschafter und die Nackte – Wer lügt hier? / 169 – Fernbedienung für Garage lässt Penis stehen! / 170 – Dieser Klempner fliegt volles Rohr. / 171 – ARCHÄOLOGIE-SENSATION! Grab des Gladiators in Rom gefunden. / 172 –Dieses Pärchen liebt sich seit 6000 Jahren. / 173 – Barbie der Bronzezeit entdeckt! / 174 – Ältestes Bordell der Welt hat wieder geöffnet. / 175 – Forscher jagen Miss Yeti. / 176 – Dieser Stein ist Feldpost aus dem Königspalast. / 177 – Bauten die alten Ägypter ihre Pyramiden aus Beton? / 178 – Neandertaler erfanden das erste Kaugummi der Welt. / 179 – Hatten die Neandertaler schon Einkaufswagen? / 180 – Gletscher-Mann Ötzi hat jetzt eigenes Iglu. / 181 – Schreibtisch des König Midas entdeckt.

182 – Höhle von Romulus und Remus entdeckt.

183 – Ausgesummt! Forscher wollen Mücken mit Sex-Trick ausrotten.

184 – Affen zahlen für Sex.

185 – **Nashorn hatte Sex mit Renault Laguna!**

186 – Olé, olé, o weh! Stier holt zum Tiefschlag aus.

187 – Fiaker-Pferde sollen Windeln tragen.

188 – Polizei-Pferde machen Werbung.

189 – Gottschalks Wunder-Kuh macht Karriere in Las Vegas.

190 – FORSCHER FANDEN HERAUS: Kühe sprechen Dialekt!

191 – Hier geht das Dromedar zur Bar.

192 – Suff-Elche in Altenheim.

193 – Abspeck-Turnier für Haustiere.

194 – **Sarg-Bausatz für Hund und Katze.**

195 – So erwischen sie jede Fliege ...

196 – BILD-Fotograf erwischt Möwen.

197 – Müllabfuhr von Venedig.

198 – War das Monster von Loch Ness nur ein Elefant?

199 – Entdeckt! 1. Rasta-Esel (war noch nie auf Jamaica).

200 – Tabalugas Opa entdeckt!

201 – Schönheits-OP für hässlichen Goldfisch.

202 – Hase greift Rentnerpaar an.

203 – Schimpansen erkennen Bekannte am Po.

204 – Hunde lieben Bach (und hassen Britney Spears).

205 – **Maus in Bohnendose.**

206 – Rattengift soll Godzilla-Krabben retten.

207 – Taucher findet Schaf auf Meeresgrund.

208 – Fledermäuse gefressen? Katzen wachsen plötzlich Flügel.

209 – Skandal in Norwegen: Luder-Gold und Olympia-Silber.

210 – Warum gewinnen immer die Finnen?

211 – Spinnen die in Brüssel?

212 – Journalist will Belgien im Internet versteigern.

213 – EU-Wahn! Rollmops heißt jetzt »Clupea harngus«.

214 – Zu viele Deutsche im Hotel – SCHMERZENSGELD FÜR ENGLÄNDER!

215 – Das Hirn eines englischen Urlaubers: Die Malle-Qualle!

216 – Weiße Weihnachten? Fliegen sie doch nach Mallorca!

217 – Das gibt's nur in Norwegen! Radarfallen für UFOs.

218 – Ah, oh! Polen outen Teletubbies als schwul.

219 – Briten stricken Hitler nach.

220 – Ganz POris träumt von der Liebe.

221 – **Schweizer züchten Schnee.**

222 – Alles Käse! Warum Holländer die ewigen Verlierer sind.

223 – Papst mahnt: Wir brauchen Gott!

224 – **Priester segnen Trüffel.**

225 – Darf man Tiere wirklich taufen?

226 – Neue Anzugsordnung bei Papst-Audienz?

227 – »Papa Cool« genießt die Urlaubssonne.
Hier lernt der Papst was Breakdance ist.

228 – Nudelsieb als religiöse Kopfbedeckung genehmigt.

229 – Große Papst-Lotterie – Auf diesen Scheinen liegt ein Segen.

230 – Zu teuer! Papst verkauft seine Kühe.

231 – Meutert Schweizer Garde gegen Papst?

232 – Fliegt diese Sonde zu Gott?

233 – BILD erklärt die geheimnisvollste Wahlkabine der Welt.

234 – Nur einer macht noch Musik – Abba was wurde aus den anderen?

235 – Kimis Steuererklärung – Toyotas Rennzwerg verrät:
Ich komme wunderbar ans Gaspedal.

236 – Mika Häkkinen liebt Frau von der Stange.

237 – Vettel verschrottet den Titel.

238 – Sir Paul, haben Sie diese hübschen Bilder schon mal gesehen?

239 – Christina Aguilera zeigt das offizielle Ende ihres Rückens.

240 – Mensch, ist Beckham wieder geil drauf!

241 – Mini-Igor: Liverpools hängende Spitze.

242 – **Die Mächtigen sind los … in Davos.**

243 – Korea-Diktator hat meinen Riesen-Rammler aufgegessen!

244 – Bohlen verzeiht dem Polen.

245 – Hier zeigt er uns seinen kleinen Robbie.

246 – Der Rattenfänger von Paris.

247 – Thatcher auf Toilette eingeschlossen. / 248 – Haider will angeblich Moslem werden. / 249 – Nowitzki nannte mich »Mein Knastvögelchen«. / 250 – Blair-Sohn schläft im Lamborghini. / 251 – Der Verlobungs-Kuss des Botschafts-Luders. / 252 – Geiz war schon immer geil! / 253 – Michelangelo knauserte sich Goldschatz zusammen. / 254 – Jaaadria! Italien lockt mit Versöhnungsrabatt. / 255 – Diese Italiener ... soll die Feuerwehr den Ätna löschen? / 256 – Ältester Italiener (102) will Amore. / 257 – Gladiatoren waren dicke Vegetarier. / 258 – Riminix! ... und die 1. Demo vor Italiens Botschaft. / 259 – Die Römer waren wieder in Xanten. / 260 – Lamborghini fliegt 150 Meter in den Wald. / 261 – WELTMEISTER TUTTI KAPUTTI. Er ist Italiens Trainer-Nudel. / 262 –Adieu, les Blöd. / 263 – Schießt ihn aus dem Mantel! Schalke königsblöd! / 264 – Jetzt lachen sie uns schon vor der WM aus. / 265 – Mama Zidane: Ich will seine Eier auf einem Tablett! / 266 – I have ready! Luca oben ohni. / 267 – DER MESSIAS VON EUROPA: Wadde hadde DIDA da? / 268 – DAS GIPS DOCH GAR NICHT ... »Kranck«-Ribéry im Urlaub auf Marbella. / 269 – Der FATIH des Erfolgs. / 270 – Die Nulpen aus Amsterdam. / 271 – Holländer mit Wehrmachtshelm zur WM! / 272 – Die neue Fußball-Regierung: Blattini! / 273 – Wummbley-Tor schießt England k.o. / 274 – Wembley-Tor in Wembley. / 275 – Königliche Poheiten. / 276 – Das irre Attentat auf die Königin. / 277 – Blinde Kuh royal. / 278 – Lacht die Königin über das Kleid von Máxima? / 279 – Neuer Trend in

Monaco? Prinzessin Caroline trägt Gardine. / 280 – Die Außerirdischen von Monaco. / 281 – Die kleine Prinzessin von Grimassi. / 282 – Belgiens König liebt Rülpswettbewerbe! / 283 – Hier regiert Prinz Grapsch von Dänemark. / 284 – Der Kuss des Jahres. Aber warum kniff der Prinz seine Lippen zusammen? / 285 – Eure verkniffene königliche Hoheit! / 286 – Prinz Charles depressiv wegen Diana-Buch. / 287 – Nur in BILD! Dianas letzte Stunden als Comic. / 288 – WER IST DER VATER VON DIANAS BABY? / 289 – Nicht weinen, Charles. Die Zukunft des Hauses Windsor ist so strahlend schön. / 290 – Prinz Charles jammert über Horror-Hochzeit. / 291 – Was hat DIE was DI nicht hatte? / 292 – Nackte Demo für Prinz Charles. / 293 – DIESE WINDSORS! Prinz Cool auf Sex-Safari. / 294 – So schrullig sind die Royals. / 295 – Warum hat die Queen einen so mickrigen Tannenbaum? / 296 – Liebte Queen Mum heimlich einen Kommunisten? / 297 – Nanu! Sucht die Queen hier etwa Kronjuwelen? / 298 – Queen gewinnt Badeöl in Tombola. / 299 – Queen immer popelärer. / 300 – Frau Rooney nimmt ihren untreuen Kicker zurück. / 301 – Athina Onassis verkauft Insel mit totem Opa Aristoteles. / 302 – Watt ist denn das für 'ne Russendisko? Frühstück mit DEZIBEL Medwedew & Wattimir Putin! / 303 – Diese Matsch-Nase wird jetzt ein Royal – Neuer Verwandter für die Queen. / 304 – Rodeo paradox in Australien: Pferd reitet Cowboy. / 305 – Die neue Hai-Society. / 306 – Was trieben die alten Ägypter in Australien? / 307 – Das 1. Liebespaar der Weltgeschichte.

021 – Ist das die älteste Kellnerin der Welt?

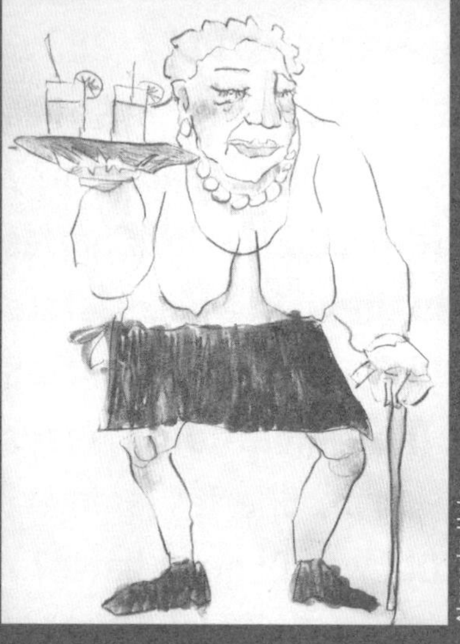

Alexandra Hotz

117 – Jesus ging nicht übers Wasser – es war Blitzeis!

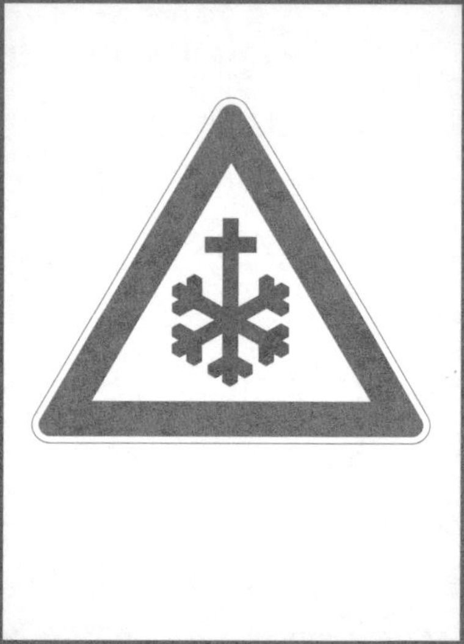

Caroline Keller

162 – 9 Prozent haben das Dumm-Gen.

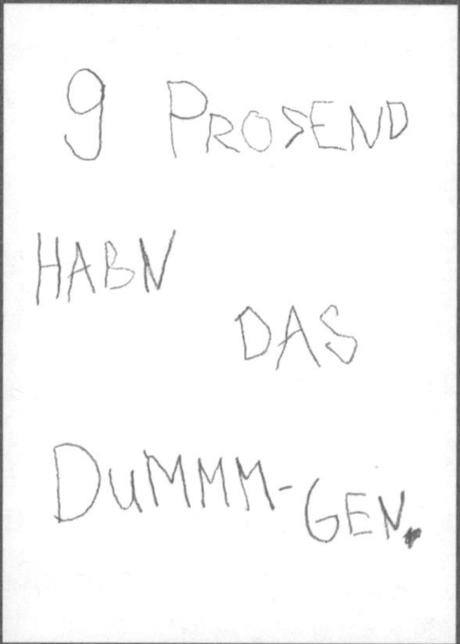

9 PROSEND
HABN
DAS
DUMMM-GEN.

Dorina Dogan

257 — Gladiatoren waren dicke Vegetarier.

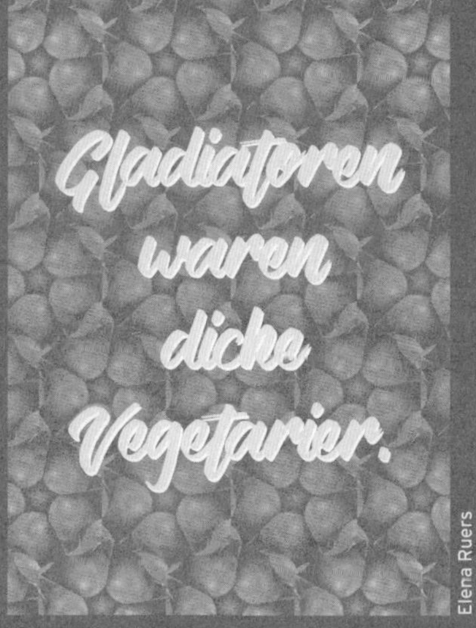

Elena Ruers

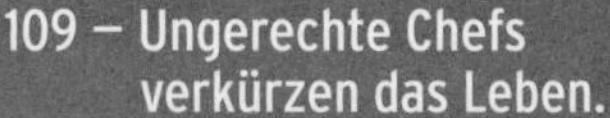

109 — Ungerechte Chefs verkürzen das Leben.

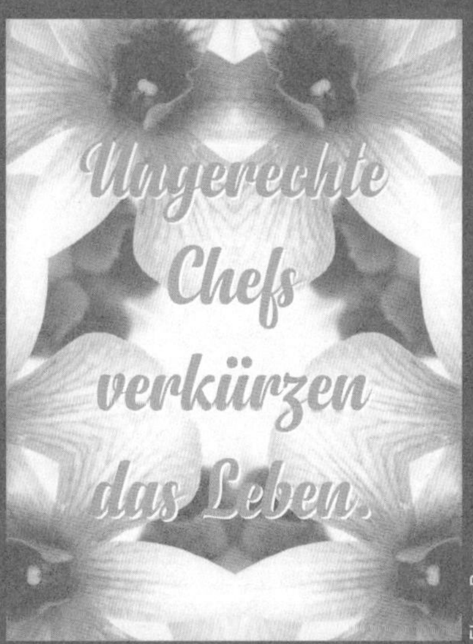

Elena Ruers

073 — Werfen Aliens mit Monster-Kohl-Köpfen?

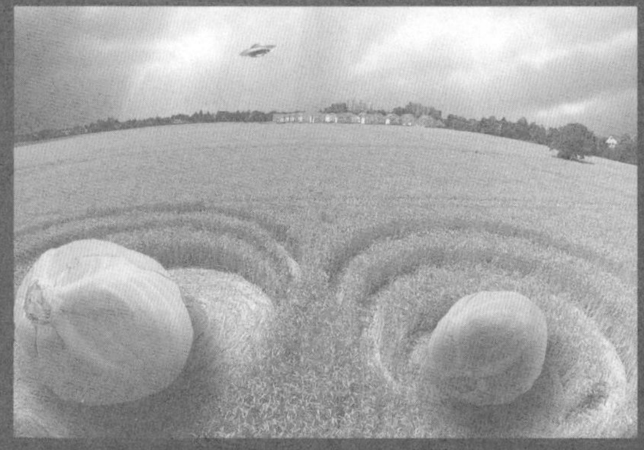

Hellen Oelschläger

Helden

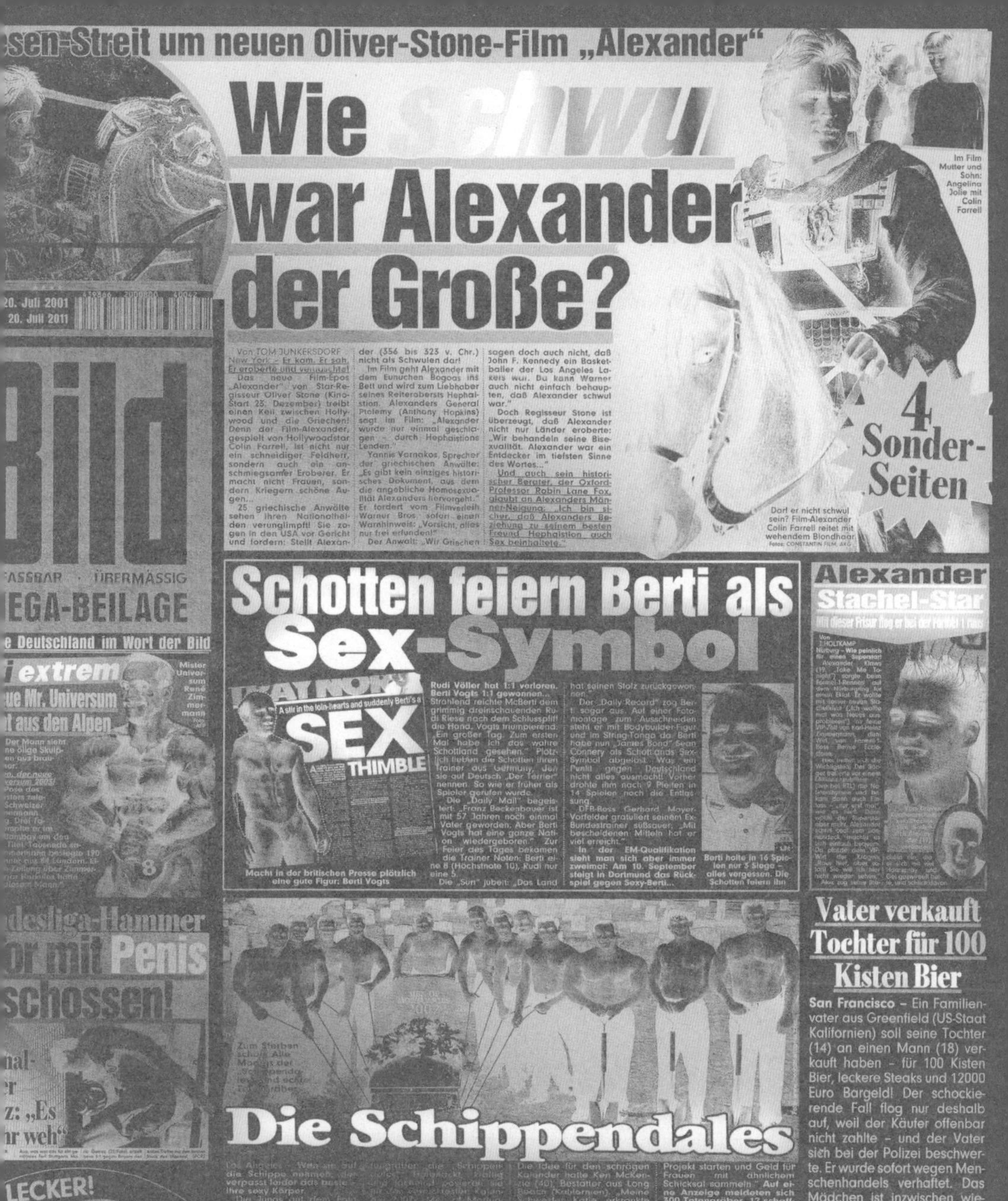

sen-Streit um neuen Oliver-Stone-Film „Alexander“

Wie schwul war Alexander der Große?

Von TOM JUNKERSDORF

New York – Er kam. Er sah. Er eroberte und vernaschte!

Das neue Film-Epos „Alexander“ von Star-Regisseur Oliver Stone (Kino-Start 23. Dezember) treibt einen Keil zwischen Hollywood und die Griechen! Denn der Film-Alexander, gespielt von Hollywoodstar Colin Farrell, ist nicht nur ein schneidiger Feldherr, sondern auch ein anschmiegsamer Eroberer. Er macht nicht Frauen, sondern Kriegern schöne Augen...

25 griechische Anwälte sehen ihren Nationalhelden verunglimpft! Sie zogen in den USA vor Gericht und fordern: Stellt Alexander (356 bis 323 v. Chr.) nicht als Schwulen dar!

Im Film geht Alexander mit dem Eunuchen Bogoas ins Bett und wird zum Liebhaber seines Reiterobersts Hephaistion. Alexanders General Ptolemy (Anthony Hopkins) sagt im Film: „Alexander wurde nur einmal geschlagen – durch Hephaistions Lenden.“

Yannis Varnakos, Sprecher der griechischen Anwälte: „Es gibt kein einziges historisches Dokument, aus dem die angebliche Homosexualität Alexanders hervorgeht.“ Er fordert vom Filmverleih Warner Bros. sofort einen Warnhinweis: „Vorsicht, alles nur frei erfunden!“

Der Anwalt: „Wir Griechen sagen doch auch nicht, daß John F. Kennedy ein Basketballer der Los Angeles Lakers war. Da kann Warner auch nicht einfach behaupten, daß Alexander schwul war.“

Doch Regisseur Stone ist überzeugt, daß Alexander nicht nur Länder eroberte: „Wir behandeln seine Bisexualität. Alexander war ein Entdecker im tiefsten Sinne des Wortes...“

Und auch sein historischer Berater, der Oxford-Professor Robin Lane Fox, glaubt an Alexanders Männer-Neigung: „Ich bin sicher, daß Alexanders Beziehung zu seinem besten Freund Hephaistion auch Sex beinhaltete.“

Im Film Mutter und Sohn: Angelina Jolie mit Colin Farrell

4 Sonder-Seiten

Darf er nicht schwul sein? Film-Alexander Colin Farrell reitet mit wehendem Blondhaar.

Fotos: CONSTANTIN FILM, AXG

20. Juli 2001
20. Juli 2011

Bild

FASSBAR · ÜBERMÄSSIG
MEGA-BEILAGE
...e Deutschland im Wort der Bild

...i extrem
...ue Mr. Universum
...t aus den Alpen

Mister Universum René Zimmermann

Schotten feiern Berti als Sex-Symbol

Macht in der britischen Presse plötzlich eine gute Figur: Berti Vogts

Rudi Völler hat 1:1 verloren. Berti Vogts 1:1 gewonnen...

Strahlend reichte McBerti dem grimmig dreinschauenden Rudi Riese nach dem Schlusspfiff die Hand. Vogts triumphierend: „Ein großer Tag. Zum ersten Mal habe ich das wahre Schottland gesehen.“ Plötzlich lieben die Schotten ihren Trainer aus Germany, den sie auf Deutsch „Der Terrier“ nennen. So wie er früher als Spieler gerufen wurde.

Die „Daily Mail“ begeistert: „Franz Beckenbauer ist mit 57 Jahren noch einmal Vater geworden. Aber Berti Vogts hat eine ganze Nation wiedergeboren.“ Zur Feier des Tages bekamen die Trainer Noten: Berti eine 8 (Höchstnote 10), Rudi nur eine 5.

Die „Sun“ jubelt: „Das Land hat seinen Stolz zurückgewonnen.“

Der „Daily Record“ zog Berti sogar aus. Auf einer Fotomontage zum Ausschneiden steht er mit Bodybuilder-Figur und im String-Tanga da. Berti habe nun „James Bond“ Sean Connery als Schottlands Sex-Symbol abgelöst. Was ein Punkt gegen Deutschland nicht alles ausmacht! Vorher drohte ihm nach 9 Pleiten in 14 Spielen noch die Entlassung.

DFB-Boss Gerhard Mayer-Vorfelder gratuliert seinem Ex-Bundestrainer süßsauer: „Mit bescheidenen Mitteln hat er viel erreicht.“

In der EM-Qualifikation sieht man sich aber immer zweimal: Am 10. September steigt in Dortmund das Rückspiel gegen Sexy-Berti...

Berti holte in 16 Spielen nur 3 Siege – alles vergessen. Die Schotten feiern ihn

Alexander Stachel-Star

...desliga-Hammer
...or mit Penis
...schossen!

Die Schippendales

Moped-Kai

...ohne Führerschein

Kein Richter kann mich stoppen!

Vater verkauft Tochter für 100 Kisten Bier

San Francisco – Ein Familienvater aus Greenfield (US-Staat Kalifornien) soll seine Tochter (14) an einen Mann (18) verkauft haben – für 100 Kisten Bier, leckere Steaks und 12000 Euro Bargeld! Der schockierende Fall flog nur deshalb auf, weil der Käufer offenbar nicht zahlte – und der Vater sich bei der Polizei beschwerte. Er wurde sofort wegen Menschenhandels verhaftet. Das Mädchen ist inzwischen wieder bei seiner Familie.

Kapitän fesselt Autoknacker mit Seemannsknoten

Köln – Ein Kapitän (48) schlief auf seinem Schiff im Kölner Hafen. Plötzlich wachte er auf, weil er einen Autoknacker (30) an seinem Wagen hörte. Der Kapitän stellte den Dieb, überwältigte ihn – und fesselte ihn kurzerhand mit einem Seil, in das er einen Seemannsknoten machte. Alarmierte Polizisten nahmen den Verbrecher fest.

LECKER!

Mit vier Funktionen: zum Garen, Mixen, Auftauen und Aufwärmen (von Beaba, ca. 130 Euro)

...gelingt auch Papi ...ndes Happi-Happi

001 – Da wird sogar Flipper neidisch.

002 – TV-Star Hannes Jaenicke rettet Orang-Utan-Weibchen aus Affen-Bordell.

003 – Riesenhund rettet Kleinohrhasen.

004 – **Polizisten retten Schaf mit Bauchmassage.**

005 – Tapferer Dackel rettete Herrchen vor Bären. Bär und Mann geht es besser.

006 – Mann rettet Hund mit Mund-zu-Schnauze-Beatmung.

007 – Frauchen lernt die Mund-zu-Hund-Beatmung.

008 – Baum rettet Opel vor dem Absaufen.

009 – **Angler rettet Angler mit Angel.**

010 – Längster Arm der Welt rettet kranke Delfine.

011 – Mutter rettet verschüttetes Kind aus Sandkasten.

012 – Höhenretter kappen Monster-Eiszapfen.

013 – Hummer rettet Geldbörse.

014 – Schumi rettet seinen Hund.

015 – Hund rettet Kneipenkasse.

016 – BILD rettet den deutschen Spitz!

017 – Deutscher Hund rettet Frau aus Trümmern.

018 – Beton-Mädchen stoppt 123 Tonnen Atom-Müll.

019 – iPod rettet Mädchen bei Blitzschlag das Leben.

020 – Apple-Chef Steve Jobs – Die iKone des 21. Jahrhunderts.

021 – **Was kann ICH tun, um die ERDE zu RETTEN?**

022 – SUPER-HORST soll Deutschland retten!
Herr Bundespräsident, übernehmen Sie!

023 – Super-Virus tötet Superman.

024 – Klinsi killt King Kahn.

025 – Neuer Mordprozess, weil der Anwalt ständig einschlief.

026 – KLINSI jetzt darfst du GRINSI.

027 – Dackel ist der letzte Zeuge.

028 – Deutschland sucht den Superhund.

029 – Bauer sucht Bein für Kuh.

030 – DIETER SUCHT DEN SUPERDEPP.

031 – Deutschlands frechster Arbeitsloser singt jetzt.

032 – Studentin entdeckt 5000 Jahre altes Kaugummi.

033 – Archäologen entdecken 2.400 Jahre alte »Suppe«.

034 – Ehemann entdeckt hinter Schleier Bart bei der Frau.

035 – Kunde findet Telefon im Salat.

036 – Rothirsch buddelt wertvollen Silberschatz aus.

037 – Kimi Silbergeil!

038 – SAM, DER FEUERBÄR: Dieser Teddy ist echt makabär!

039 – Der Bärenmarke-Bär putzt für Artgenossen.

040 – **Die erste Krake, die Gläser öffnen kann.**

041 – Kater überlebt Woll-Waschgang!

042 – Ziege geht in Tankstelle »einkaufen«.

043 – Rindvieh plante den großen Kuh …

044 – Metzgerin schnitt ihrem Mann die Kehle durch.

045 – Harry, der harte Presslufthammer-Mann.

046 – Überlebt! Er war nicht mal heiser.

047 – Glock im Glück.

048 – Größter Kreisch-Alarm aller Zeiten!

049 – Jetzt sind alle Bonanza-Stars im Cowboy-Himmel.

050 – Hier trägt Ryan O'Neal den Sarg seines Engels.

051 – Studie: »Bee Gees«-Song kann Leben retten!

052 – Heino ruft zum Gebühren-Boykott auf.

053 – Fieser Pudel-Entführer bedroht Jacob-Sisters.
Damit sie ihren Mosi-Song nicht mehr singen!

054 – Elvis lebt!

055 – 13 Stunden Kreißsaal! Dann schrie ihr größter Hit.

056 – **Deutschland sucht die »Super-Heulsuse«.**

057 – Waldi ließ die Ohren fliegen.

058 – Klosterschüler (18) fliegt mit 220.000-Euro-Auto in den Wald.

059 – Sie fliegt den NASA-Schrott zurück zur Erde.

060 – ISS an Erde »Wir brauchen frische Unterhosen!«

061 – **Lallo, ich bin Miss Promille!**

062 – Wollen sie mal mit einer Mini-Stewardess fliegen?

063 – Singende Schottin (48, arbeitslos, ungeküsst) stürmt die Hitparaden.

064 – Lena, sing dein Ding!

065 – Wie Rüttgers zu Robin Hood wurde.

066 – Deutschlands ältester Playboy teilt Geliebte mit seinem Sohn. / 067 – »Ich will Deutschland dienen«. / 068 – Nackt bis auf die Palme. / 069 – Nackter geht bei Fremden duschen. / 070 – Wütende Ehefrau läuft 100 km nach Hause. / 071 – Hat der Hemdenkönig ihr eins übergebügelt? / 072 – Ich brauche einen Mann mit Atombombe. / 073 – Dieser Arzt will dem hübschen Beulen-Busen-Mädchen helfen. / 074 – 3.110 Gallensteine! / 075 – Dieter Bohlen singt Mädchen aus Koma. / 076 – Uschis Mops ist Nachfolger von Dieter Bohlen. / 077 – Wer schützt Schumi vor diesem Irren? / 078 – Dr. med. Wuff! Wie Hunde Krankheiten erschnuppern können. / 079 – Schweinegrippe? Wir saufen trotzdem weiter! / 080 – Uns bombt keiner vom Ballermann! / 081 – Suff-Studenten werden Suchthelfer. / 082 – Vom Säufer zum Edelmann. / 083 – Dieser Wurstverkäufer war mal Investment-Banker. / 084 – Falscher Kranker raubt echte Patienten aus / 085 – Schöne Milliardärin steigt bei Conti ein! / 086 – Nackter Einbrecher steigt zu Ehepaar ins Bett. / 087 – Hund stand für Räuber Schmiere. / 088 – Bürgermeister will DNA-Probe von allen Hunden. / 089 – Hundebesitzerin hat ihren Liebling geklont. / 090 – Da wurde Bossi böse. / 091 – Kämpf um Deine Frau! Aber nie mit René Weller. / 092 – Ganz Deutschland feiert diesen Mann. Es gibt nur ein' Rudi Völler! Und er spricht nur in BILD! / 093 – Kanzler, tu was! / 094 – Forscher entwickeln Treue-Spritze. / 095 – EU-Abgeordnete wehren sich gegen Huren in Hotels. / 096 – Deutsch-

lands berühmteste Hure hat ein Zimmer frei. / 097 – »So heiß ist's im Bett mit Juliette«. / 098 – Liebe ist … wenn Charles seinen Rolls-Royce für Camillas Hut umbaut. / 099 – Und welcher Prinz küsst mich? / 100 – Ich bin die erste Nackte von Seite 1! / 101 – Dönerwetter! Ich bin der erste türkische Schützenkönig. / 102 – Rehakles 1. König von Europa. / 103 – Schotten feiern Berti als Sex-Symbol. / 104 – Paris knutscht Eisbär Knut! / 105 – Liebesnacht für unsere Helden. / 106 – Garretts Giga-Geigen-Gewitter – Geigengott liebt Playboymodel. / 107 – »Nur mit ihm will ich noch Sex« / 108 – Achim Mentzel offiziell Deutschlands klügster Promi … und jetzt die extra schwere Zusatzfrage: Wer ist eigentlich Achim Mentzel? / 109 – Ich weiß was! / 110 – Rent-a-Ent! Endlich Hoffnung im Kampf gegen Schnecken. / 111 – Der PE-KING! / 112 – Lallü Lalla! 3,4 Promille. / 113 – Die ALTEN übernehmen die MACHT: Der fitteste Opa der Welt und Deutschlands mutigste Oma – Bonnie & Clyde aus dem Seniorenheim. / 114 – Wir sind das Vespa(a)r. / 115 – Siegt Schumi noch als Rentner? / 116 – Aua! Kampf! Nein! Nein! Jaaaaaaaa! Gold! / 117 – 11 Gebote für den Sieg. / 118 – Der Vettel-Zettel – So hole ich den Titel. / 119 – Orakel Paul ist jetzt ein Welt-Star. / 120 – WM-O(k)rakel Paul ist tot! / 121 – Schon zu Lebzeiten: Dr. Tod plastiniert sich selbst! / 122 – Daum zu glauben … DA IST ER WIEDER! / 123 – Michael Jackson Stunden vor seinem Tod. Da tanzte er noch auf dem Tisch. / 124 – Embryo macht den Schumi-Daumen. / 125 – Arbeitslose zeigen Effe den

Finger. / 126 – Margot Honecker reckt wieder die Faust. / 127 – Pepi macht im Handstand Pipi. / 128 – King-Kong-Fu schlägt affig zu. / 129 – Schimpansen schlagen Studenten bei Computertest. / 130 – Mein Kind schlägt dein Kind 2016. / 131 – Oma schlägt Tiger in die Flucht. / 132 – Oma auf Bankraub. Dreimal schlug sie in Düsseldorf zu. / 133 – BETTY Bumm! Ihr Gold-Hammer schlägt alles. / 134 – So mache ich meinen ABRAHAMMER noch härter. / 135 – Ich klopfe Düsseldorfs größten Schlot klein. 150 Meter! / 136 – Mann, haben die Muckis! / 137 – LET'S G O BAMA! / 138 – Er stemmte neben mir 32-Kilo-Hanteln. Er ist topfit. Er hat null geschwitzt. / 139 – Schluss mit lieber Rudi! / 140 – Ami-Rammler größer als Rudi Riese aus Berlin! / 141 – Chinesen lieben Ballack. / 142 – Obama Guttenberg »erobert« Chinesische Mauer. / 143 – Erste Politiker sparen bei sich selbst. / 144 – Linken-Politiker klaut 200 Klo-Rollen im Rathaus! / 145 – Mitten im Spiel – Lehmanns irre Pipi-Pause. / 146 – 1. Spielerfrau gibt zu: Fußballer verdienen zu viel! / 147 – Neue Frisur für Rudi? / 148 – Die Ur-Nivea aus dem Jahr 50 v. Chr.? / 149 – Wird Wowi der 1. schwule Kanzler? / 150 – Wie schwul war Alexander der Große? / 151 – Karl Theodor Maria Nikolaus Johann Jacob Philipp Wilhelm Franz Joseph Sylvester Freiherr von und zu Guttenberg – Müssen wir uns diesen Namen merken? / 152 – Jetzt rede ich! Ich, Gerhard JULIUS CAESAR. / 153 – Bei mir gibt's nur gute Nachrichten: »Ich habe GOTT getroffen!« / 154 – Er schenkt uns den Papst als Puppe ... 41 cm groß, aus

Plastik, vollbeweglich, abwaschbar, 139 Euro. / 155 – Ohne ihn hätten wir verloren. / 156 – SoKo Halleluja / 157 – Licht aus! Heute, 20:00 – 20:05 Uhr. / 158 – Priester soll Gespenster vom Klo vertreiben. / 159 – Papst segnet mit Gipsarm. / 160 – Um 23:45 Uhr gewöhne ich Ihnen das Rauchen ab! / 161 – Jetzt kriegen sie euch, ihr GRAFFITI-FERKEL. / 162 – Kofferdieb versteckt sich selbst im Koffer. / 163 – Knacki verschickt sich als Paket aus dem Knast. / 164 – Mutti bringt entlaufenen Knacki zurück. / 165 – Wir verschicken unsere Post mit »Ein Herz für Kinder«! / 166 – Kampfkatze brachte Postboten zur Strecke. / 167 – Die Katze mit der Lizenz zum Kratzen. / 168 – Vermummte Mädchen jagen »Tokio Hotel«. / 169 – Mädchen verstümmeln ihre Barbies. / 170 – Pippi Langstrumpf jagt Mörder im ZDF. / 171 – Merkel jagt die Steuer-Betrüger. / 172 – Kuckuck! Gerichtsvollzieher jagen jetzt Frau Wussow. / 173 – Mit Bleifuß zum Jagdausflug. / 174 – Fahrstuhl fängt Randalierer. / 175 – Truthähne transportieren Kokain. / 176 – Bundeswehr fängt neun Piraten. / 177 – Hurra, ich hab den Panzer-Führerschein! / 178 – »Boris war wie ein Hochgeschwindigkeits-Zug«. / 179 – Der Narben-Held von Kiew liegt vorn. / 180 – Zwangsräumung! Rentner überrollt Vermieter mit Auto. / 181 – Taxifahrer überfährt mit Absicht Holländer. / 182 – Moped-Kai fährt seit 13 Jahren ohne Führerschein. Kein Richter kann mich stoppen! / 183 – 480 PS ziehen dir die Falten aus dem Gesicht. / 184 – Tanken und Tschüss ... Baby Vollgas!

185 – Müll-Laster riss mein Ohr ein – ich hab erstmal Fotos gemacht!

186 – Die Schippendales ... DAS kriegen wir auch noch hin.

187 – Endlich wieder ein deutscher Held! ... aber Schumi nur noch Statist.

188 – Schumisupermegaturbogeilgöttlichgigagalaktisch!

189 – Kann Sabine Christiansen Wowereit umdrehen?

190 – So viel Fett ist schon weg: 14,2 Kilo. Er nahm fast 57 Pakete Butter ab.

191 – Bohlens Pummelchen stolz auf jedes Pfund.

192 – Kati Witt will diesen SPECK.

193 – Mahlzeit! Ich war Hitlers Leibkellner.

194 – Immer nur Bananen ...

195 – Ich probierte frittierten Seestern.

196 – **Sechs Polizisten befreien »Bernd das Brot«.**

197 – Riesen-Wels »Kuno« wird Festessen für Obdachlose.

198 – Einbrecher kocht sich Nudeln.

199 – SACHEN GIBT'S ... Neuer Weltrekord im Pfannkuchen-Wurf.

200 – Hammer-Halmich: Ich stopfe Eisen-Nadja das Maul.

201 – Super! Erwin geht in Fortunas Aufsichtsrat.

202 – Ausgerechnet Langhans ins Dschungelcamp!

203 – Wir sind Robbéry!

204 – Fußball-Star lässt sich von Ratten blutig beißen.

205 – **Hecht beißt Frau, Frau beißt zurück.**

206 – Mann biss Krokodil in die Nase.

207 – Hat dieser Krokodil-Mann Prinz Harry die Freundin weggeschnappt?

208 – Rentner verprügelt Alligator mit Gartenschlauch.

209 – Mutiger Ami würgt Würgeschlange!

210 – Schulz gegen das Baby-Biest.

211 – Gottschalk gegen Bohlen.

212 – REHAKLES von Athen und Barbarilton.

213 – Alexander Stachel-Star – SCHWABBEL-RAMBO.

214 – **Das Dorf der Wut.**

215 – Wütender Lieferant reißt Gästen Steaks vom Teller.

216 – Ist bei Jancker alles so groß?

217 – Hass auf Reiche! Er demolierte 30 Mercedes.

218 – Wutausbruch mit Kettensäge.

219 – Der Scheich vom Deich.

220 – Der Scheich macht den Franck reich!

221 – Kanzlerin, mach uns den Ludwig Erhard! ... und rette den Wohlstand für alle.

222 – Westerwelle verspricht mehr Geld für alle!

223 – 100 Mio für Bubi-Schumi!

224 – **1. CDU-Minister mit Brilli im Ohr!**

225 – »Die CDU in Baden-Württemberg braucht eine richtig schwarze Kandidatin« – Afrikanerin schafft es in den CDU-Vorstand!

226 – Ich wandere nicht aus! Wie wunderbar!

227 – Prinzessin Stephanie trägt ein Versandhaus-Kleidchen für 198 Mark.

228 – THANK YOU, GERMANY: Jodel-Inderin holt für Deutschland den Grand Prix.

229 – Karaoke-Sänger gewinnt eine Million Maultaschen.

230 – **Mann, frauen wir uns auf die WM!**

231 – 1. Tor mit Penis geschossen!

232 – GOMEZ: »Das Körperteil war sehr groß und es tat sehr weh«.

233 – Dieses Tor war GENI(T)AL!

234 – Klose, schieß sie aus der Hose!

235 – Deutscher Rentner schießt Bussard vom Himmel.

236 – Hund schießt auf Tiermörder.

237 – Herrchen warf Stock – Hund brachte Handgranate.

238 – Stürzt sich Daisy heute auf Mosis Mörder?

239 – DNA-Test für alle Hunde!

240 – Tierschützer klauen liebe Omi aus dem Sarg.

241 – Toter »Marienhof«-Star zurück im TV! Ich bin Natascha.

242 – Tote Kettenraucherin mit Zigarette beerdigt!

243 – Was für eine starke Frau!

244 – **Polizistin wechselt Frau die Windeln.**

245 – Wir haben nicht nur Knarren, wir haben auch einen Knall.

246 – Wir tröten alle weg!

247 – Diese Frau seift unsere Politiker ein.

248 – Diese Frau schneidet heute Abend in der ARD einen Penis ab.

249 – Die kleine Rache der Wurstverkäuferin:
Quatscht bloß diese Frau nicht falsch an!

250 – Wir sind echte Boxen-Luder. / 251 – Diese Frauen halten ihre Männer klein. Sie tanken Wodka und spielen super. / 252 – Ich bin Spielerin-MANN. / 253 – Polizei ermittelt gegen diesen Fan-A... / 254 – Grün ist so geil! / 255 – Hände hoch! Zu scharf für Deutschlands Polizei. HÄNDE HOCH! / 256 – Hier schnappen deutsche Soldaten die Piraten. / 257 – Hier überfällt ein Ex-Polizist eine Bank ... Er wusste ja wie's geht. / 258 – 17,8 Millionen Euro – Die Kinder von Haiti sagen Danke! / 259 – 2,4 Mio. Euro verzockt! / 260 – Rentner-Gang entführt Finanz-Hai. / 261 – Hund haut mit der Bahn ab. / 262 – Gerettet! 13 Retter befreien Frau aus Fahrrad. / 263 – Der Anti-Aua-Automat. / 264 – Kapitän fesselt Autoknacker mit Seemannsknoten. / 265 – Fahrer mit Blindenstock am Lenkrad entdeckt. / 266 –Das Bayern-Ballett hat ausgetanzt. / 267 – Hey Hörnchen, du tanzt wie Travolta! / 268 – Kanada ausgetanzt! / 269 – Prima, Ballerinas! / 270 – Gefeuert, weil sie zu blond ist! Nicht mal bei ihrem Rausschmiss war sie da. / 271 – Die Nixe der Freiheit. / 272 – Diese Deutsche ist jetzt Häuptling der Nasen-Indianer. / 273 – RUMMMS! Jetzt ist auch Alis Tochter die Größte. / 274 – Rehakles jetzt König der Griechen! / 275 – Merkel ist jetzt Miss Europa. / 276 – Arnie lässt Angie strahlen. / 277 – Der beste Ösi seit Mozart. / 278 – Ötzi extrem – Der neue Mr. Universum kommt aus den Alpen. / 279 – Wir sind über 40 und haben super Sex! / 280 – Happy Birthday Viagra! / 281 – Lisicki-Quickie. / 282 – Der geilste Quickie der Welt. / 283 – Paris &

ihr Schleckpanse – Der Affe ekelt sich vor nichts! / 284 – Sein Mann macht ihn so stark! / 285 – Sie nannten ihn Mücke ... und heute geht er mit Krücke. / 286 – So gelingt auch Papi gesundes Happi-Happi! / 287 – Ich bin ein Plansche-Fant! / 288 – Blabla Bla Bla Bla Bla blabla blabla blabla blablabla! blablabla Bla Bla! bla blablabla! Bla blabla – Hört auf zu reden! Macht was! / 289 – Jungs, macht sie fertic! / 290 – Er macht alles anders – aber macht er es genauso gutt? / 291 – Merkels schönster Mann ... aber wird deshalb auch die Politik schöner? / 292 – Schönheitskönigin tötet Einbrecher mit rosa Pistole. / 293 – Handwerker bringt Leiche in die Klinik. / 294 – TURBO-BABY kommt auf Rücksitz zur Welt. / 295 – Seit 50 Jahren stellt Jim die Welt auf den Knopf. / 296 – Mario Barth macht sich dünne. / 297 – Dieser Richter zeigt Verständnis für Ehefrauen-Killer. / 298 – Er wollte doch nur seine Ruhe haben. / 299 – Warum sind alle verrückt nach der schielenden Heidi? / 300 – Jetzt wollen uns die Dänen schon das süße Opossum klauen. / 301 – Schiel-Opossum Heidi wehrt Sex-Attacke ab! / 302 – Erstes Sex-Ekel gefeuert! / 303 – Pastor gefeuert, weil er Sex in der Kirche hatte. / 304 – Schadenersatz für dicken McDonald's-Mitarbeiter. / 305 – Einen wie ihn wird es nie wieder geben. / 306 – Warum Schwangere nicht umkippen ... / 307 – Suuuuperschnell wie Captain Kirk. / 308 – Händler verkauft Geländewagen mit Kalaschnikow. / 309 – Saudi-Arabien sucht Dessous-Verkäuferin. / 310 – Yes, we Fan!

208 – Rentner verprügelt Alligator
mit Gartenschlauch.

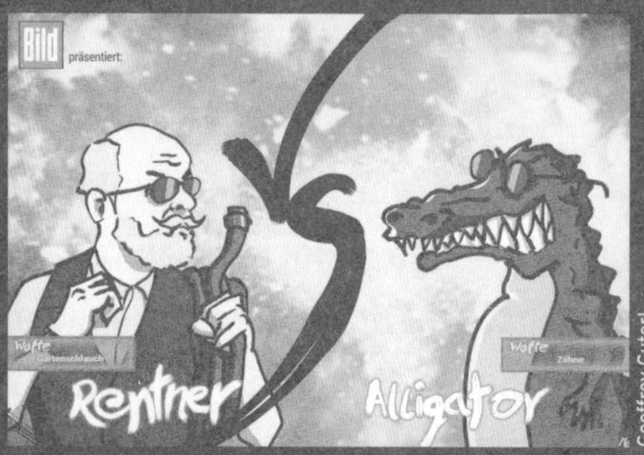

Geoffrey Guterl

292 – Schönheitskönigin tötet
Einbrecher mit rosa Pistole.

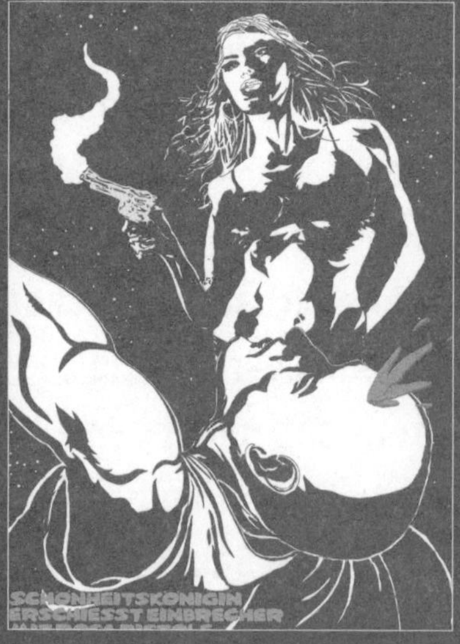

Maximilian Baier

043 – Rindvieh plante den großen Kuh ...

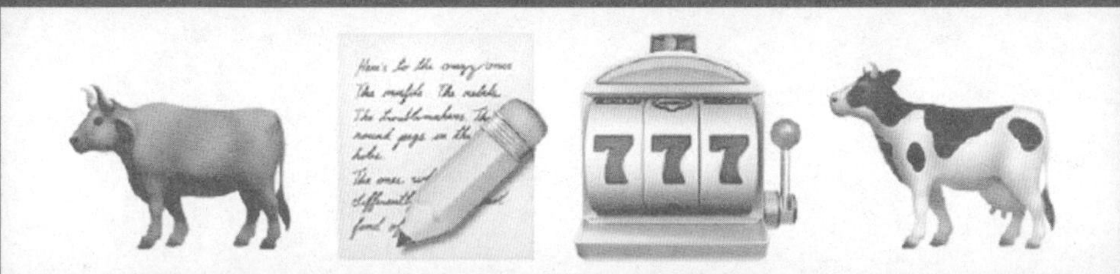

Nora Smith

237 –Herrchen warf Stock – Hund brachte Handgranate.

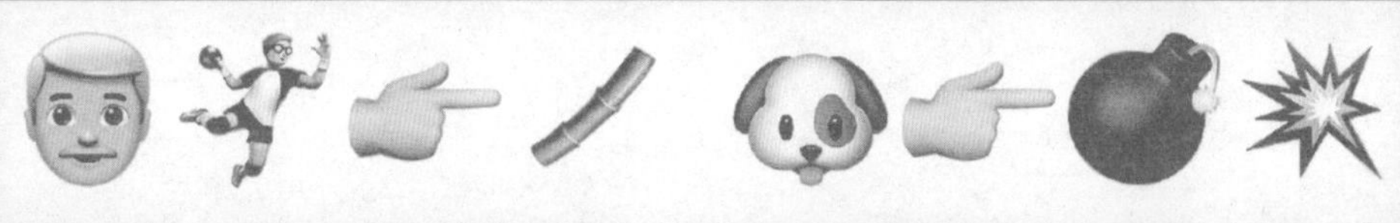

Nora Smith

Einzelschicksale

...chgeil Der Dschungelkönig erzählt zum 1. Mal, mit welchem Trick er jugendfrisch wurde

Costa Cordalis hat ein Stück Po im Gesicht

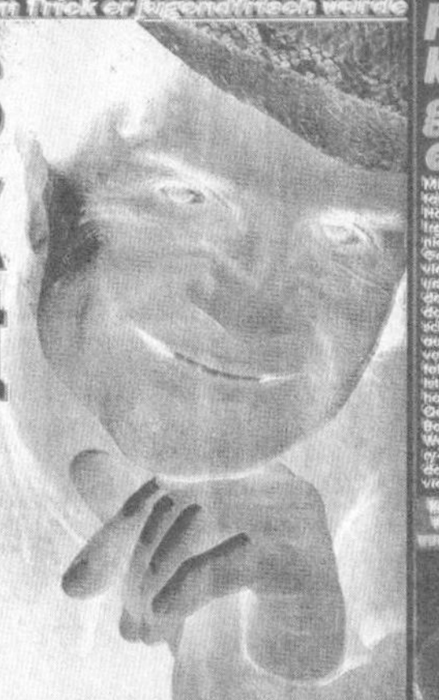

...ung von Seite 1
...lle durchtrainier-...ngel-König, hat ...rscht...

...Cordalis (59) hat-...Urwald-Camp im-...er von seiner Me-...rzählt, die ihn so ...d jung halte. Mil-...uschauer bewun-...einen knackigen

...rfuhr jetzt das ...chönheitsgeheim-...ultsängers: Er hat ...r Bodensee-Klinik ...schlands renom-...n Schönheits-Chi-...rat Dr. Werner ...) heimlich ope-...sen!

...Cordalis zu BILD: „Ja, es stimmt. Ich habe mir bei Professor Mang am Po Fett entnehmen lassen. Diese Eigenfett-Reserven wurden mir unter die Augen gespritzt, um meine Krähenfüße und Falten zu beseitigen. Das muss man heute in der Showbranche tun, um gut und jung auszusehen. Mein Gesicht muss lachen und lebhaft sein."

Sein toller Po-Trick: Er ließ sich mit dem Fett seines Hinterteils die Lippenfalten am Mund und die Stirnfalten wegspritzen.

Diese Methode wurde von Professor Mang vor einem Jahr entwickelt. Der Mediziner zu BILD: „Ich habe mir das Spacelift-Verfahren patentieren lassen. Das Fett wird in Tröpfchen bei minus 18 Grad aufbewahrt. Durch das Unterspritzen wird der Alterungsprozess biologisch gestoppt."

Dass jetzt ein bisschen Po in seinem Gesicht ist, findet Costa Cordalis nicht schlimm: „In meinem Alter kann man das machen. Das ist eine ganz natürliche Sache, die ich immer wieder tun würde."

Und er gesteht: „Ganz nebenbei ist durch die Fettentnahme auch mein Hintern straffer geworden."

Höschen klein ging ihr ein...

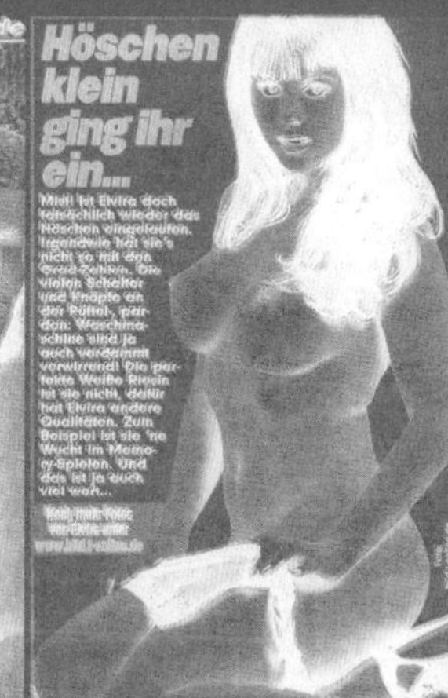

Mist! Ist Elvira doch tatsächlich wieder das Höschen eingelaufen. Irgendwie hat sie's nicht so mit den Grad-Zahlen. Die vielen Schalter und Knöpfe an der Rüttel-, pardon: Waschmaschine sind ja auch verdammt verwirrend! Die perfekte Weiße Riesin ist sie nicht, dafür hat Elvira andere Qualitäten. Zum Beispiel ist sie 'ne Wucht im Memory-Spielen. Und das ist ja auch viel wert...

Noch mehr Fotos von Elvira unter www.bild-online.de

...26. Juli 2001
...s. 26. Juli 2011

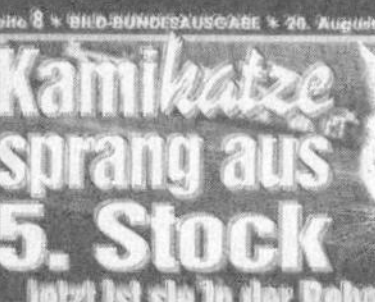

MEGA-BEILAGE

...re Deutschland im Wert der Bild

„Arschloch"-Papagei in ...aschanlage gefunden

...chen – Deutschlands ...ster Papagei ist wieder ...ause! Gelbnacken-Ama-... „Koko" (33), die Mün-...s Oberbürgermeister ...al „Arschloch" hinterher-...ächzt hatte, wurde vor ...gen Tagen entführt ...) berichtete). Jetzt tauch-...er Vogel in einer Wasch-...ge wieder auf. Eine BILD-...rin erkannte ihn – als er ...chloch!" zu ihr sagte.

...ver 2:1 Bielefeld Bremen 3:0

...-Star Ze Roberto

...s war da ...ß in der ...se los?

...rn sich ...Foto von .../Ze Ro-...m Spiel ...adbach).

Was ist da bloß in seiner Hose los? Ist es wirklich so geil, für Bayern zu spielen? – Seite 14

Kamikatze sprang aus 5. Stock

...jetzt ist sie in der Reha

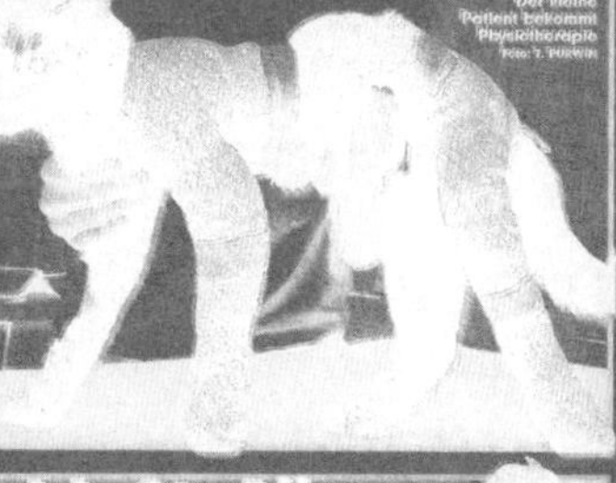

Die „Kami-Katze" voll bandagiert! Der kleine Patient bekommt Physiotherapie

Leipzig – **Mi-Au! Das tat fürchterlich weh!**

Während Kater „Pünktchens" (2) Besitzer Horst S. im Urlaub war, stromerte das Tier durch die Wohnung in Grimma (Sachsen), stürzte aus dem halb geöffneten Fenster im 5. Stock. Ein Nachbar fand das jaulende Fellbündel, rief den Tierarzt.

„Pünktchen" brach sich Schienbein, Elle und Wadenbein. Nägel und Metallplatten stecken in den bandagierten Beinchen.

Jetzt bekommt „Pünktchen" Katzen-Reha mit Physiotherapie, Massage und Laufübungen.

Jäger erschießt Jäger

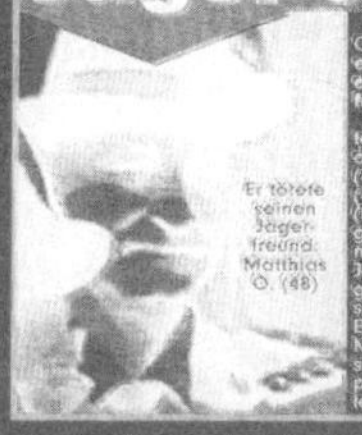

Er tötete seinen Jägerfreund: Matthias O. (48)

Von M. MARBURG

Cottbus – **Erst schoss er auf Hirsche. Dann auf seinen Jagdfreund...**

Blutiges Drama unter zwei Waffenbrüdern. Matthias O. (48) und Mario C. (42) aus Guben (Brandenburg) gingen morgens gemeinsam auf die Jagd. Sie machten gute Beute, begossen schon mittags ihren Erfolg. Im Keller von Matthias O. köpften sie eine Flasche Doppelkorn, ihre Waffen legten sie zur Seite. Vorerst...

Dann gerieten die angetrunkenen Jäger in Streit, gingen aufeinander los – und plötzlich krachte ein Schuss. Mario C. sank tot zusammen. In Panik rief sein Jagdfreund die Polizei.

Im Verhör sagte er: „Mario hatte eine Pistole auf mich gerichtet, ich wollte sie ihm entreißen – dabei hat ihn der Schuss getroffen." Ein Unfall? **Der Staatsanwalt nahm den Todesschützen in U-Haft, bis das geklärt ist.**

GEWICHTHEBEN

Olympia-Zweite stemmt jetzt Müll

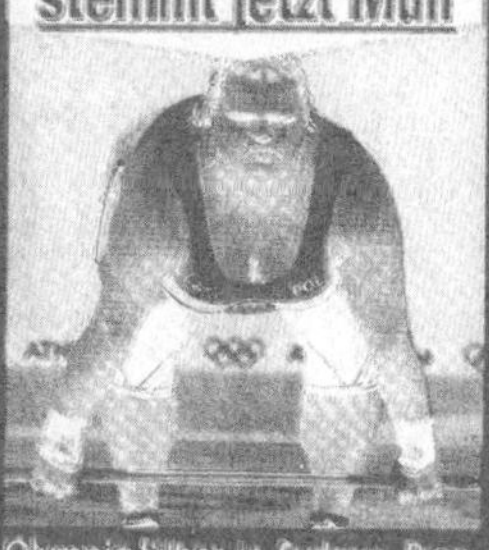

Olympia-Silber in Sydney, Bronze in Athen! Agata Wrobel (25/Foto) war Weltspitze im Gewichtheben. Heute hebt die Polin nur noch Müll! Wrobel arbeitet am Fließband einer Recyclingfabrik im nordenglischen Peterborough. Der Absturz entsetzt ihre Landsleute. „Dieser Job ist nichts für eine große Sportlerin", sagt Gewichtheber-Boss Wasiel. Er will ihr eine Stelle als Nachwuchs-Trainerin anbieten.

Frau (19) ging bei Rot – tot!

Düsseldorf – Tragischer Unfall in Reisholz. Beim Überqueren der Kreuzung Bonner-/Niederheider Straße ist eine Frau (19) von einem Opel-Kombi erfasst und getötet worden. Die junge Frau, die offensichtlich bei „Rot" auf die Fahrbahn ging, wurde unter dem Wagen eingeklemmt, mußte von Feuerwehrmännern befreit werden. Sie starb im Notarztwagen. Angehörige brachen am Unfallort mit einem Schock zusammen.

Keine Sonne, keine Gäste

Düsseldorfs einsamster Bademeister

Düsseldorf – Wolfgang Platz (45) ist ein verdammt einsamer Mann: Er ist Schwimm-Meister im Freibad Lörick – und die meiste Zeit solo! Bei dem miesen Wetter kommt kaum jemand schwimmen. „Wir steuern einen neuen Minus-Rekord an", seufzt Bädergesellschafts-Chef Rüdiger Steinmetz. „Die Besucher-Bilanz zur Saison-Halbzeit ist erschreckend: 192.000 Leute. Letztes Jahr um diese Zeit waren's 287.000!" Trotzdem bleiben die Bäder mindestens bis 1. September offen! „Wegen der Stamm-Gäste – und vielleicht wird's ja noch was mit dem Sommer..."

dt

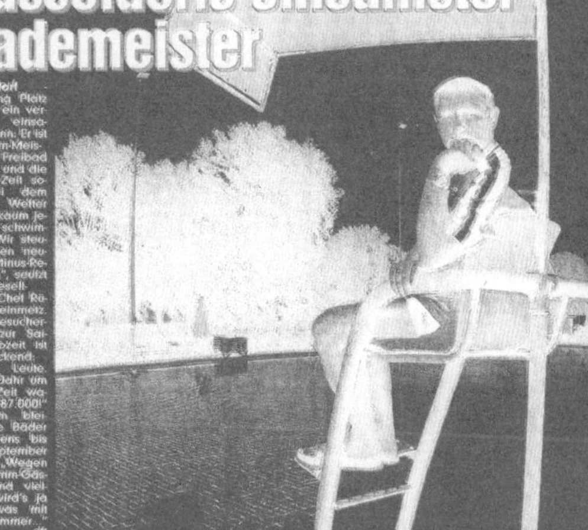

001 – Die neue Hunger-Kollektion.

002 – **Frauen leiden unter Kauf-Bulimie.**

003 – Eine Freundin zeigte mir, wie man richtig kotzt.

004 – Diese Frau ist gar nicht dick – sie trägt nur geklaute Klamotten für 5000 Mark am Leib.

005 – Wenn der kleine Hunger kommt ...

006 – NACH STREIT UM BANANEN – Cora will 80.000 Euro von ihrer Putzfrau.

007 – Paris Hilton nur noch 45 Kilo! Muss sie im Knast zwangsernährt werden?

008 – Die Schiffer immer dünner! Ihr Mann nimmt zu und zu. Ganz schön ungerecht.

009 – Zu alt! Zu dick! Schräger Daniel gibt Frau zurück.

010 – Platzt die Tochter von Roberto Blanco?

011 – **Gisele, kneift's da nicht im Bündchen?**

012 – Ich geh als Bratpfanne mit Spiegeleiern.

013 – Wussow (72) wirft Uschi Glas (57) mangelnde »Knusprigkeit« vor.

014 – Schlimmer Fress-Verdacht. Toter Pharao gepökelt.

015 – »Joey Kelly ist doof wie Kartoffelsalat«.

016 – Xavier Naidoo singt jetzt in der Pommes-Bude.

017 – Meine Tränen – Meine Fehler – Meine Wampe.

018 – SCHWANEREI! Vögel voller Frittenfett.

019 – 104 Kilo! Das ist (wirklich) ein dicker Hund.

020 – In diesen Kreis passt die Taille von Kylie Minogue.

021 – Zu Dick – Toter Prinz passt nicht ins Grab.

022 – Blubb hat's gemacht. Dicker über Bord! Rettung nach acht Stunden.

023 – Was treibt der dicke Robbie da im Pool?

024 – **Robbie wird zu Seife!**

025 – TENNISSTAR SERENA WILLIAMS – Moppelfehler beim Strand-Aufschlag.

026 – Kilos weg! Mann weg! Job weg?

027 – Zu dick für einen Job! Sie hat's amtlich!

028 – Hier bekommt Brigitte Nielsen ihr Fett weg.
Wenn sie sich da mal nicht verschluckt ...

029 – Fisch-Narr im eigenen Aquarium ertrunken.

030 – Ganze Familie in diesem Gully ertrunken.

031 – Sabine Christiansen badet im Glück.

032 – Durstige Kamele überfallen Dorf.

033 – Bier trinkendes Pferd hat Bar-Verbot.

034 – Der Beweis! Auch Pferde haben Heimweh!

035 – Betrunkener Elch ertrinkt in zugefrorenem Fluss.

036 – Mädchen (2) von Gepäckband verschluckt.

037 – Rentner verschluckte riesige Grillgabel.

038 – **Ehemann will von Frau seine Niere zurück.**

039 – Kranführer ersticht Ex-Frau mit Schaschlik-Spieß.

040 – Prostituierte versteckt toten Kunden in Tiefkühltruhe.

041 – Leichen-»Professor« ist ein Aufschneider.

042 – Schweinerei! Er fraß im Kerker seine Kinder und Enkel.

043 – Aus dem Grab … Toter Milliardär Flick geklaut!

044 – Freispruch! Mädchen zu dick, Vergewaltigung technisch unmöglich.

045 – Vergewaltigung war flotter Dreier.

046 – Sie starb an einem Zungenkuss.

047 – Nach Sex-Attacke auf deutsche Touristin – Geiler Esel soll sterben!

048 – Hier beglückt Riesen-Rammler Rudi sein neues Bett-Häschen.

049 – Er soll 10 Mio. Spenden veruntreut haben.
Tierschützer spielte lieber mit diesen Häschen.

050 – Ahoi, Käpt'n Katie! Nimm uns mit auf dein Luftkissenboot!

051 – Spanner vor FKK-Strand gekentert.

052 – **Boxenluder weinen!**

053 – Penis-Opfer brach das Training ab. Zum Glück war nur der Knöchel dick.

054 – Nach dem Rauswurf: Sexgierige Fußball-Profis zu Stockhieben verurteilt.

055 – Vögel benehmen sich wie Fußballfans.

056 – Dieser Frosch kann nur, wenn er blau ist …

057 – Fahrgäste blau, ihr Taxifahrer auch.

058 – Polizei zog blaue Naddel aus schwarzem Mini.

059 – Waschbär stiehlt Brieftasche.

060 – Waschbär läuft 285 km auf Suche nach Sex.

061 – Tränen-Kollaps im TV. Junge auf Suche nach Windeln verschollen.

062 – **Junge entdeckt Opa in Porno.**

063 – Rentner pumpt Gummipuppe an der Tanke auf.

064 – Tank-Trottel vermasseln Massa die WM.

065 – Suff-Fahrer rast Nixe von Travemünde kaputt.

066 – Darf dieser Verkehrs-Rowdy noch Verkehrs-Minister bleiben?

067 – Frau (19) ging bei Rot – tot!

068 – Höfliche Killer entschuldigten sich.
»Chef, mir ist da was Dummes passiert …«

069 – **Porsche wich Eichhörnchen aus – Schrott!**

070 – Huch! Aus dieser Kaffeetasse lacht der Sensenmann.

071 – Abzocke auf der Kaffeefahrt:
Rentnerin kauft völlig sinnlose »Energiescheibe« für 1.000 Euro.

072 – Starkoch lässt sein bestes Stück anbrennen.

073 – Radfahrer erstickt in Kleidercontainer.
Er wollte doch nur den Reifen wechseln.

074 – Arschkalt! Frauchen versinkt beim Gassigehen im Schlamm.

075 – Mutter will ihre Kinder als »Säugetiere« von Steuer absetzten.

076 – Irre Hundefrau darf nur noch Plüschtiere halten.

077 – Kiefer Sutherland flieht vor Yorkshire-Terrier.

078 – **Costa Cordalis hat ein Stück Po im Gesicht.**

079 – Keine Pinke für Schminke?

080 – Möllemann: Todes-Video aufgetaucht! Gott hat ihn erlöst.

081 – Heul-Krampf. Jetzt dreht Bohlen durch.

082 – Aufstieg und Fall eines Blenders.

083 – **Gefangen in der Netz-Strumpfhose.**

084 – Garderobe zu klein – Limo zu warm – Da rastete er aus.

085 – Weine nicht, kleiner Daniel …

086 – Er gewinnt – Er verliert – Rudi, Rudi, rallala!

087 – Justus Frantz wehrt sich gegen Hausdurchsuchung:
»Lasst mich in Ruhe musizieren«.

088 – Kapellmeister nackt im Wald ausgesetzt.
»Rumpelstilzchen gab mir den Befehl«.

089 – Waldmensch sticht drei Spaziergänger nieder.

090 – Koch erschießt Jäger – Er dachte, es sei ein Wildschwein.

091 – Hirschbrunft brutal! ER hat verloren.

092 – Jäger erschießt Jäger. Erst schoss er auf Hirsche.
Dann auf seinen Jagd-Freund …

093 – Kleiner Dänen-Prinz will toten Hirsch füttern.

094 – Jäger erschießt sich aus Versehen selbst.

095 – Wie traurig! Märchen-König Andersen hatte nie Sex. / 096 – Katie ludert auf dem Tretboot. Sie tut's für 500.000 Euro von SAT 1. / 097 – Silikon-Busen hat ihr das Leben gerettet. / 098 – Süßes Blondchen knutscht rülpsenden Mops. / 099 – Versicherung nennt diesen Hund »Totalschaden«. / 100 – Hund fuhr allein mit Zug nach Hause. / 101 – Obdachloser vernichtet ICE-Sandwiches. / 102 – Kleinkind heiratet Hündin. / 103 – Heiratsantrag löst UFO-Alarm aus. / 104 – Aliens klauten mein Gebiss. / 105 – Polizeihund fehlt der Biss. / 106 – Gebiss-Beschiss! / 107 – Star-Tenor Schreier – Jetzt singt er nur noch das hohe hmmpfff! / 108 – Hund fraß sein Gebiss. / 109 – EMPÖRENDES URTEIL – Rentner brauchen 2 Stunden am Tag ein festes Gebiss. / 110 – Oma-Räuberin arbeitete früher beim Anwalt. / 111 – Rentner von Einkaufswagen erschlagen. / 112 – So sieht ein OPI aus, der bei OBI klauen wollte. / 113 – 79 Belästigungsfälle! / 114 – Sie strippt sogar in der Kirche – Liebeskranke Rentnerin (63) verfolgt katholischen Pfarrer. / 115 –Sünder gibt Pfarrer Handgranate. / 116 – Herr, erbarme Dich! / 117 – Falscher Jesus rast mit Auto in Kirche. / 118 – Pärchen beim Sex auf Glockenturm erwischt. / 119 – Armer Charles, Queen mischt sich in Hochzeitsvorbereitungen ein: Kein Bio-Büffet! Keine Party! Sex-Verbot! / 120 – HIER kütt dä Prinz. / 121 – Staatsakt im seriösen Auktionshaus Christie's. / 122 – Wolfgang Petry beendet Karriere. / 123 – Der Überfall auf Bohlen! / 124 – Betrunkener kriecht durch Babyklappe. / 125 – Wer kennt diesen Strampler? / 126 – Polizei

stoppt Auto-Raser in Windeln. / 127 – 'Tschuldigung, haben Sie vielleicht was gegen Kopfschmerzen? / 128 – Die schlimme Wahrheit über unsere Mediziner. / 129 – Arzt stellt Patienten mit Kopfnuss ruhig. / 130 – Er lebte zehn Jahre mit gebrochenem Genick ... und merkte es gar nicht. / 131 – Mann (30) kollabierte nach Horror-OP beim Schönheits-Chirurgen. / 132 – Tod durch Fett-Absaugen! / 133 – Arzt verwechselt Darm mit Bein. / 134 – Mit KOLIK ins Krankenhaus – mit BABY raus. / 135 – Die Verwandlung der Camilla Parker-Bowles: Vom Rottweiler zur Glamour-Braut. / 136 – Schuld war dieser Engländer. / 137 – Bringen Sex-Fotos den Fürsten in den Knast? / 138 – Hier pinkelt ein Prinz in ihr Badewasser. / 139 – Seine letzte Nachricht: Ich werde von den Bergvölkern als Gott-König verehrt. / 140 – Schauspieler Helmut Berger war jahrelang verschollen. / 141 – König Ludwig wohnt jetzt bei Mutti. / 142 – Mittags in Deutschland: »Dein Essen schmeckt mir nicht!«. / 143 – Sie prügelt ihn mit Küchenstuhl in Klinik. / 144 – Messer-Witwe darf Penis ihres toten Mannes NICHT behalten. / 145 – Zickenzoff! Biss Frau Frau ins Bein? / 146 – Paar heiratet erst nach 32 Jahren. Mutter war dagegen! / 147 – Der bizarrste Prozess des Jahres. Jetzt spricht die Ehefrau ... / 148 – Darum ging mein MANN mit meiner MAMA in den SWINGER-CLUB. / 149 – Deutsche Familie gesteht in BILD: Wir sind UNTERSCHICHT. / 150 – Die Angeklagte mit der Schlafkrankheit ... jetzt ist auch ihr Prozess eingepennt. / 151 – Toter Vater in der Mülltonne! Sohn kassierte die Rente. / 152 –

Erstochene Abiturientin – Liebestolle Mutter schickte Sex-SMS an Mörder ihrer Tochter. / 153 – Er störte beim »Fall für zwei«. Hausfrau trampelt Freund vor Fernseher tot. / 154 – Kinderwagen mit Pistole ersteigert. / 155 – Mit Pistole am Kopf – Mann zwingt Frau zum Bierholen. / 156 – Familienkrieg mit Kettensägen. / 157 – Polizei bei Beuys – Witwe Eva und Tochter Jessyka streiten mit Nachbarn um eine Erle. / 158 – Nach Ehekrach! Mann lebt seit 50 Jahren auf Baum. / 159 – Time to say Scheidung. / 160 – Ex-Herrchen darf Pudel besuchen. / 161 – Winni heute wirst du rasiert! / 162 – Thailänder hatte 5,79 m lange Haare. / 163 – Politiker kippte Flasche über seinem Kopf aus. / 164 – Sekt-Opfer jetzt in der Psychiatrie. / 165 – Gespaltene Patientin vom Psychologen verführt? Ihre 1. Persönlichkeit musste einkaufen. Ihre 2. Persönlichkeit musste das Auto waschen. Mit ihrer 3. Persönlichkeit hatte er Sex. / 166 – Noch so'n Spruch, Kieferbruch. / 167 – »Du musst mit mir fi..., ich bin der Boss«, sagte der Manager zu der schönen Sängerin Julia. / 168 – Weihnachtsmann schlimm verprügelt. / 169 – Santa Graus! Nicht alle Kinder lieben den Weihnachtsmann. / 170 – Schluss mit lustig! Clown verprügelt kleinen Jungen, nur weil er mit Konfetti warf. / 171 – Totschläger versteckt sich hinterm Pausenbrot. / 172 – Heinos Hannelore häufig handgreiflich. / 173 – Schluckspecht lieferte sich Verfolgungsjagd mit der Polizei. / 174 – 2 Tage vor den Anschlägen! Terror-Pilot rast in Radarfalle. / 175 – Ailton geblitzt! Seine ersten Punkte als Schalker. / 176 – Emu

zerreißt Polizisten die Hose. / 177 – Er pierct, bis der Richter kommt. / 178 – Die fiese Rache der Blitz-Polizisten. / 179 – Schrumpft der Euro in der Waschmaschine? / 180 – Schnell noch Valensina kaufen. Onkel Dittmeyer pleite? / 181 – Seine Freundin pfeift auf ihn. / 182 – Teilsaniert! Ist Ivana Trump zu arm für neue Arme? / 183 – Hochzeitstraum zerplatzt! / 184 – Axel Schulz' Schwester arbeitet im Puff. / 185 – Bohlen will sie jetzt berühmt machen. / 186 – Bewegungsmelder findet vergessene Bankkundin. / 187 – Haben Eure Kassen süß geklingelt? / 188 – Hier versuchen Dick & Doof, ein Konto zu plündern. / 189 – Da waren Deutschlands dümmste Geldschrankknacker am Werk. Bank kaputt, Tresor steht. / 190 – Schwer bewaffnet, aber leicht blöd. / 191 – Bankräuber von Filial-Leiter ausgesperrt. / 192 – Das erste Schaf, das zum Bettler wurde. / 193 – Staatsanwalt erließ gestern Haftbefehl. / 194 – Festnahme nach Attacke im ICE – Kino-Star bedroht Schaffner mit Spielzeugpistole. / 195 – Dieser Mann lebt seit 9 Jahren im Schließfach! / 196 – Läuft dem Penner die Stiefmutti weg? / 197 – Enthüllt! Das ist die echte Mona Lisa. / 198 – Geheimes Gemälde aufgetaucht. Hat Wussow Gaby Dohm nackt gemalt? / 199 – Tatjana Gsell muss in U-Haft bleiben. Busen-Witwe feiert Gitter-Geburtstag. / 200 – Ist Herzilein in Wirklichkeit ein Ehe-Schwein? / 201 – Water-Lou für Ralph Siegel. / 202 – Verflixter Grand Prix! 12 Länder bestrafen Deutschland mit null Punkten. / 203 – Lola rennt wieder allein.

204 – Adresse: Knast – Stadtplan-Erbe bleibt in Planquadrat L52.

205 – »Besorg mir was zum Fi…!«

206 – Düsseldorfs einsamster Bademeister.

207 – Was war da bloß in der Hose los?

208 – Höschen klein ging ihr ein …

209 – Dieter Bohlen enthüllt sein peinlichstes Erlebnis. »Ich war doof wie Stulle«.

210 – Mehmet darf zurück nach Deutschland.

211 – Verbotene Liebe – »Ich hatte Sex mit meiner Lehrerin«.

212 – Schotte hat Sex mit seinem Fahrrad.

213 – **Dickster Schotte mit Kran beerdigt.**

214 – Berti wird Schotte.

215 – Plötzlich heiße ich Herr »Ficken« … und komme aus Kasachstan.

216 – Holt meine Frau aus dem Bett von Frank Ficker!

217 – **Heino ausgeraubt – Alle Brillen weg!**

218 – Was ist mit seinen Augen?

219 – Düsseldorf, 9.30 Uhr, Hochsicherheitstrakt:
Die bizarre Gerichts-Show der Brillen-Bestie.

220 – Kristina Bach – Schlagerstar im Supermarkt verprügelt.

221 – Trompeter Stefan Mross nachts um drei blutig geprügelt.

222 – Die mutmaßlichen Nazi-Schläger: Im Verhör rufen sie nach ihren Mamas!

223 – Kuschel-Richterin schickt vier brutale Schläger nach Hause.

224 – Adolf, der Nazi-Hund.

225 – DAS PERVERSE DOPPEL-LEBEN DES MAX MOSLEY.

226 – Der Formel-1-Chef wuchs unter Nazis auf.

227 – Enthüllt! Hitler war Multimillionär.

228 – Wer kriegt die 12 Milliarden? Wer kriegt Jacht, Villa, Flugzeug?

229 – Und wer kriegt Ballack?

230 – Das Beweisfoto! Hier rennt Lola fremd.

231 – Magath marschiert.

232 – **Muss Arafat in die Wüste?**

233 – Im wasserblauen Kleid bei der C&A-Modenschau.

234 – Bin Ladens' Leibwächter kassierte Sozialhilfe.

235 – BOX-HELD OTTKE: Meine Frau hat mich geschlagen.

236 – Ex-Lover schlägt zurück.

237 – Verprügelte er Patienten im Pflegeheim?

238 – Rentner (74) verprügelt, ausgeraubt und ins Dixi-Klo gestopft.

239 – Auto rast mit Dixi-Klo im Schlepptau durch Ort.

240 – Lebenslange Sperre für diesen fiesen Schläger.

241 – Jetzt lügt er uns auch noch die Hucke voll.

242 – Rubens Barrinocchio: »Ich wusste nicht, wo die Ziellinie war …«

243 – Busfahrer findet das Stadion nicht – Fans randalieren.

244 – **Reisebus von eigenen Reifen überholt.**

245 – Busfahrer gefeuert, weil er eine Klorolle mitnahm.
»Dabei hatte ich doch furchtbaren Durchfall.«

246 – Häkkinens Mechaniker drehte durch – Jumbo musste notlanden.

247 – Schweiß-Geruch – Passagier aus Flugzeug geworfen.

248 – Fluglotsen im Tower häufig seekrank.

249 – Fliegende Kuh erschlägt Türken.

250 – **Gästebuch einer FRONTSCHEIBE.**

251 – Schöne Pilotin – Ihr trauriges Geheimnis. 6 Jahre kein Sex.

252 – Dildo vibrierte in Reisetasche.

253 – KEIN WITZ! Jacko – Jetzt will er seinen Penis zurück.

254 – Tun Sie uns das bloß nicht an – Wussow droht mit Auswanderung.

255 – Da bist du echt im Eimer!

256 – 5,2 Millionen Frauen und Männer ohne Arbeit – Tut endlich was!

257 – Ausgerechnet Walter Riester: Ex-Arbeits-Minister gesteht Schwarzarbeit!

258 – Finanzministerium! Eigene Kantine totgespart.

259 – Endlich enthüllt! WIR waren die Teletubbies.

260 – Keine Arme, keine Beine –
Diese Frau ist dem Sozialamt nicht behindert genug.

261 – Erste Politikerin beichtet Orgasmus-Lüge.

262 – Gräfin streitet mit Ex-Minister um RIESENLATTE.

263 – Warum hält er es mit keiner Frau lange aus?

264 – Jetzt ist Schluss mit lustig.

265 – Ihre Tollität Wolfgang S. stand vor Gericht – wegen Bestechung!

266 – **Prinz Korrupti I.**

267 – Ururenkel des Reichkanzlers tot in seiner Londoner Wohnung.

268 – DABEI STAND ER DOCH FRÜHER IMMER SEINEN MANN!

269 – Das bizarre Leben des Grafen von Bismarck. / 270 – Postbotin stapelt 7,5 Tonnen Briefe. / 271 – NACH EINEM »PARLAMENTARISCHEN ABEND« IM LANDTAG – 1,1 PROMILLE! / 272 – FDP-Politiker parkte auf der A3. / 273 – Betrunkener Autodieb schläft auf Hupe ein. / 274 – Was macht die Kuh im Kofferraum? / 275 – Schwer verletzt! Partygast stürzt beim Pinkeln. / 276 – Sind Sie ein Steh-Pinkler, Frau Jones? / 277 – Beckenbauer: schlimmer Sturz! Das Becken! / 278 – WM in »Fall d'Isère« / 279 – Grimassen-Weltmeister starb beim Training vor dem Spiegel. / 280 – Basset Clouseau ist der erste Hund mit Rollstuhl. / 281 – Behinderter fällt aus Rollstuhl. Katze holt Hilfe per Telefon. / 282 – Hartherzige Behörden! Tote Daisy darf nicht zu ihrem geliebten Mosi. / 283 – Daisy lang gemacht. Schäferhund wegen Vergewaltigung angezeigt. / 284 – Bringt die scharfe Lola diesen SPD-Politiker ins Gefängnis? / 285 – Ihr Neuer spitzelte für die Stasi! / 286 – Geheimes Video aus Rio aufgetaucht! / 287 – Skandal-Politiker beim Koksen gefilmt. / 288 – Polizei fand 80 Gramm Heroin und 5.000 Euro Dealergeld in seiner Wohnung. / 289 – Die Lüge von Delphi – Drogensüchtige Priesterin phantasierte das Orakel. / 290 – Betender Hund ahmt Priester nach. / 291 – WIE GEMEIN! Angebliche Tierschützer entführen Meerschweinchen. / 292 – Acht Feuerwehrleute jagen Hamster mit Staubsauger. / 293 – Sex-Maschine enteiert. / 294 – Sex-Skandal um Kevin Costner. Der mit sich selbst spielt. / 295 – Mann nach Sex mit Staubsauger verhaftet. / 296 –

Erst masturbiert, dann restauriert. / 297 – Baby-Wunder. Der 1. schwangere Mann – In 4 Wochen kommt sein Baby. / 298 – Känguru mit Baby verschwunden. / 299 – Jetzt Rätsel um seine Schamhaare. / 300 – Bei Tempo 170: Rasender Hausmeister wollte VW-Bus abdrängen. Sein Pech … Es war die Polizei! / 301 – Belgier fällt aus Wohnmobil. / 302 – Holländer von Wohnwagen überrollt. / 303 – Er zerquetschte einen Kölner Rentner. / 304 – Die blonde Fahrerin wollte doch nur ausparken … Uuups! / 305 – Casino-Milliardär rempelt Loch in seinen PICASSO. Das Bild war 139 Millionen Dollar wert – vor dem Unfall. / 306 – Star Geiger stürzt auf Stradivari. Kaputt! / 307 – Einmal Katze ausweichen kostet 20.000 Euro. / 308 – Klinik-Skandal! Opa lag 15 Minuten auf heißer Herdplatte. / 309 – Hot dog auf vietnamesisch – Hier wird ein Hund zur Wurst. / 310 – Stück Kuchen getoastet … Küche abgebrannt. / 311 – Hicks! Dieser Mann hat gerade sein Radio gebraten. / 312 – Ich wollte mir nur schnell Tee kochen, da explodierte mein Haus! / 313 – Hallo, Herr Nachbar! Darf man dieser Oma einfach das Fenster zumauern? / 314 – »Ach, du Sch…« Vermieter mauerte Opa Kurt (84) die Toilette zu! / 315 – Rentner sitzt 9 Monate tot auf seiner Toilette. / 316 – Dieser Professor! Er fand Heine auf dem Klo. / 317 – Er wollte doch nur mal eben pinkeln. / 318 – Falsche Madeleine hält alle in Atem. / 319 – STUDENTIN SCHLIEF MIT IHREM DOZENTEN. Nach dem SEX gab ihr der Professor ein »voll befriedigend«. / 320 – Warum gehen bei der Buchmesse alle allein ins Bett? / 321 – Professor drei Tage von Bücherberg eingeklemmt. / 322 – Ja, hier hat eine FRAU eingeparkt. / 323 – Irre Kunst-Hasserin nennt sich Edel-Hure. / 324 – Das ist die Frau, die 5 Tage ihr Auto suchte. / 325 – Brötchenwagen auf Minigolfplatz eingelocht. / 326 – Hier hat eine Frau ausgeparkt. / 327 – Liebestolle Psychologin jagt schönen Urologen. / 328 – Sie verfolgte ihn im Auto, sie machte Terror am Telefon und sprang beim Golfen aus dem Gebüsch. / 329 – Milch-Laster rast durch 3 Häuser ... und der Fahrer bricht sich nur die Nase. / 330 – Frauchen genervt! Papagei schnarcht wie ihr Mann. / 331 – »Arschloch!« Papagei in Waschanlage gefunden. / 332 – Nachbar drehte Papagei den Hals um. / 333 – Mein Sohn ist der wichtigste Hund auf der Welt. / 334 – Kuno, der Killer-Fisch – Hat er einen Dackel verschlungen? / 335 – Wuff, du lahmer Flipper, ich bin schneller! / 336 – Königsadler flog mit Dackel weg. / 337 – Star-Trompeter blies Dackel in den Hundehimmel. / 338 – Hotdog-Weltmeister bekommt Mund nicht auf. / 339 – Das süße letzte Geheimnis von Wüstenfuchs Rommel. / 340 – Dobermann zerfetzt Teddy von Elvis. / 341 – Sex-Skandal an Polizei-Hundeschule. / 342 – Erst Foffi, jetzt Fiffi – Tatjana Gsell verkauft Hunde-Halsbänder. / 343 – Haftanordnung! Offenbarungseid! Dschungel-Schwanz total pleite. / 344 – Pleite! Gackert jetzt noch ein Huhn nach dem Party-König? / 345 – Suppenhuhn beschäftigt Polizei. / 346 – Polizeihund greift Polizisten an. / 347 – Frau ersticht Sohn, Hund, Katze und Esel. / 348 – Sauerei! Hausschwein Rudi braucht

Sonnencreme. / 349 – Polizei rettet Hausschwein vor rabiatem Ex. / 350 – Jacob Sister kann wieder streicheln. / 351 – Bewiesen! Engländer können sich nicht eincremen! / 352 – Mallorca-Urlauber sonnt sich tot. / 353 – Orang-Utan will Urlauberin ausziehen. / 354 – Tarzans Affe feiert seinen 76. Geburtstag! / 355 – Nacktjogger zu Lendenschurz verurteilt. / 356 – Affengrippe. Hat sich Werner Böhm angesteckt? / 357 – Schni schna schnappi! / 358 – Kreuzotter biss in sein bestes Stück. / 359 – Der irrste Fan der Welt. / 360 – Mütterchen (oben) hielt Affendame (unten) gefangen. / 361 – Neandertaler starben aus, weil sie nicht nähen konnten. / 362 – Dinosaurier T-Rex war 'ne lahme Ente. / 363 – Lebensmuuhhde? Kühe stürzen sich von Klippe. / 364 – Rinderzüchter aus Angst vor Krokodilen eine Woche auf Baum. / 365 – Totes Krokodil mitten in Berlin! / 366 – Wir sterben aus, weil wir sooo hässlich sind. / 367 – TV-Skandal des Jahres: Ist Eva Hermann braun oder nur doof? / 368 – Tochter: Superstar – Vater: Suppenküche. / 369 – Papa hat sich aufgehängt. / 370 – Arabella Fiesbauer gefeuert! / 371 – Aktion Plapperstorch. / 372 – Igitt! Lästermaul mit Würmern gestopft! / 373 – Moderatorin (unter)bricht ihre Sendung. / 374 – Wildschwein randaliert in ihrer Wohnung. / 375 – Irrer TV-Auftritt. / 376 – Hilferuf, weil Elvis auf dem Sofa saß. / 377 – Hier weint sein aktuelles Opfer. / 378 – Wird Gary Glitter erschossen? / 379 – KATE ZIEHT BLANK. / 380 – Hier hopst der Moss-Mops.

381 – Zieht die Busen-Millionärin blank wie Herzlos-Luder Sandra?

382 – Gérard Depardieu trifft das berühmteste Dekolleté der Welt.

383 – Wird mein Hund böse, wenn ich ihn auf strenge Diät setze?

384 – Gnade für den Griller.

385 – Frau wollte grillen – Wald abgebrannt.

386 – Mann tauscht Frau gegen Ziege.

387 – **Seit 3 Wochen: Frau lebt im Vogelnest.**

388 – Jogger im Stringtanga erschreckt Reiterin.

389 – REIT-UNFALL! Pferd bleibt mit Kopf im Baum stecken.

390 – Pferd leidet unter Grasallergie.

391 – Das ist der 1. infizierte Deutsche.

392 – Der nächste Sp(r)itzenreiter: Contador – sein Name klingt schon wie ein Medikament.

393 – Volle Pulle gegen Ulle.

394 – »BAUER SUCHT FRAU« KANDIDAT HANSI (71): BOHLEN VERARSCHT!

395 – Pech! Bauer flüchtet zu Panther auf Baum.

396 – Little Brother – Leon Luca (2) ist so süß.

397 – Wie verkraftet der Sohn der Herzlos-Mutter die Zeit im TV-Knast?

398 – Er haute 5 brave Lehrer um.

399 – Bier-Millionär Warsteiner liebt seine Haushälterin.

400 – **Aber wie lange warte ich auf mein Bier?**

401 – Liebespaar rollt mit Auto ins Wasser.

402 – Hier planschen 27 Millionen Schulden.

403 – Ältester Hai der Welt starb mit 43.

404 – Warum singen Sie im Möbelcenter, Herr Cordalis?
Ein Schlagersänger zwischen Wasserbetten und Einbauküchen.

405 – David Brechham – Hatte er englisches Bier getrunken?
Fand er das Spiel zum Kotzen?
Dachte er an die Kreditkarten-Abrechnung seiner Frau?

406 – **Kann ein Metrosexueller schwanger sein?**

407 – Der Harem-Kicker mit den zwei Ehen. Frau Nr. 2 schwanger!
Wie erklärt er das Frau Nr. 1?

408 – Schöner Trainer, Schöner Fußball.

409 – Ich will nicht so grau werden wie Rudi.

410 – Der Fliegenfänger von Bielefeld:
Für ihn ist jeder Ball ein UFO* ... *Unhaltbares Flug-Objekt.

411 – **Dodi lag tot auf Prinzessin Diana.**

412 – Der Schiri-Würger: »Ich habe ihn doch nicht getötet ...«

413 – Homosexuelle Fechterin klagt an:
»Jede Hure wird besser bezahlt als eine lesbische Spitzen-Sportlerin«.

414 – Nach ihrem letzten Rennen brach sie zusammen.

415 – Rattattazong! Hier reißen sie Boris' Mallorca-Villa ab.

416 – **BEN HUR STARB AN ALZHEIMER.**

417 – Bestatter schickt Auftrags-Killer zur Konkurrenz.

418 – Limo-Mord!

419 – DER SCHLÄCHTER VOM BALKAN – Karadzic rasiert!

420 – Ich bin das größte Arschloch im TV!

421 – Handys können ihre Besitzer belauschen.

422 – Jetzt steht er vor Gericht. Ex-Gärtner von Dieter Bohlen als Dieb erwischt.

423 – Au Backe, ich kann nicht mehr singen!

424 – Verdammt, es geht noch ... Matthias Reim zum vierten Mal Vater.

425 – Er ist seit 75 Jahren in der Pubertät.

426 – ERSTER SCHWULER BEI »BAUER SUCHT FRAU«.

427 – Rudi, ihr müsst siegen, sonst ... könnt ihr uns mal!

428 – Elf kleine Feiglinge.

429 – Wer lügt hier? Schock für KNUT und seinen Menschen-Papa.

430 – Dieser Bär hat die kürzesten Eisbeine.

431 – Enthüllt! Tutanchamun hatte abstehende Ohren.

432 – Ich bin so unglücklich mit meinem Flach-A...

433 – Im TV verrät Sarah Connor ihre intimsten Probleme.

434 – Für 11.000 Euro wurde Mutti so schön wie die Tochter.

435 – **Wer heult, kommt weiter!**

436 – Sind Tränen bei den Superstars wichtiger als eine gute Stimme?

437 – Heidi Klums linkes Bein teurer als das rechte.

438 – Die Baby-Maschine.

439 – Deutschland sucht den Superstar: Käse-Tussi schwanger!

440 – Kommt jetzt Michelle? Muss die Käse-Tussi jetzt zurück nach Holland?

441 – Nicht mal Holländer wollen ihre Käse-Tussi zurück.

442 – Zöpfchen-Zoff.

443 – Paris Hilton trägt Haarreif mit Haaren.

444 – Paris Hilton – Millionen Dollar – aber keinen Bikini, der hält. / 445 – Unpraktisch, so ein Papst-Gewand! / 446 – Nach 42 Jahren – Papst vergibt John Lennon. / 447 – Um Himmels Willen. Bär Bruno auferstanden. / 448 – Bär macht alle balla-balla! AUA! / 449 – Mönch verwechselt Augentropfen mit Superkleber. / 450 – Kamikatze sprang aus 5. Stock. Jetzt ist sie in der Reha. / 451 – Drama auf der Landstraße. Katze springt ins Steuer. Frauchen tot! / 452 – Nagende Maus legt Autobahn lahm. / 453 – Wegen einem Hasen! Drei Soldaten tot. / 454 – Versuchskaninchen im Zoo verfüttert! / 455 – Leopard im Koma. / 456 – Närrin (32) fällt von Ferrari – tot! / 457 – Todes-Auto gehört Hartz-IV-Empfänger mit Holzbein. / 458 – Schnecke Schumi. / 459 – Hilfe, ich sehe aus wie mein Haustier! / 460 – Kündigung! Für diesen Lokführer ist der Zug abgefahren. / 461 – Jeder Mensch hat 'ne Fischgräte! / 462 – Promi-Koch an Schweinefilet erstickt. / 463 – Quakender Frosch im Salat. / 464 – Verkäufer ist der gefährlichste Beruf. / 465 – 15 Millionen Schulden, Hunderte Gläubiger – Verona, wir kriegen noch Geld von deinem Mann! / 466 – Ihr müsst endlich wieder malochen. / 467 – Für 50.000 Euro ließ sie sich ihr schönes Gesicht blutig schlagen! / 468 – Dirk Nixtreffzki. NOWITZKI SCHLECHT WIE NIE. / 469 – KLINSI WEG! Brink hat jetzt Fragen ... / 470 – Lady Gaga war mal so la la. / 471 – Börsen-Star: Sprint mit Champagner aus dem 8. Stock. / 472 – Mein Sky muss sich untenrum rasieren. / 473 – Frau auf Geh-

weg von fliegendem Sofa getroffen! / 474 – Haye: Der kleine Zeh tat ihm so weh! / 475 – Besucherin stolpert in Picasso-Gemälde. / 476 – Medaillen-Biss, Zahn kaputt. / 477 – Lothar Matthäus – Weltstar oder Witzfigur? / 478 – Fußgänger wacht nach Blackout in Müllwagen auf. / 479 – Mahlzeit! Ich mampfte 145 Euro. / 480 – Bei Roberto liegen die Nerven Blanco. / 481 – Gluck, gluck, gluck! Hier sinkt die Titanic 2. / 482 – Mann verliert Fingerkuppe bei Prostituierter. / 483 – Schöne Anna nach Pipi-Pause bestraft – Tränen, Pfiffe, Zicken-Zoff. / 484 – Ich bin ein Scheidungshund. / 485 – Tierisch verknallt! Dieser Schwan liebt einen Traktor. / 486 – Der Tote aus dem Billig-Flieger – Opa Willie ist endlich zu Hause. / 487 – Pinguin-Witwe verliebt sich in Pfleger. / 488 – Rudi Ausdauer hat ne neue Alte. / 489 – Irrer rammt Wild-Pinkler Küchenmesser in den Hintern. / 490 – Der schönste Mund der Welt küsst jetzt nur noch Hunde. / 491 – Schöffe liegt volltrunken mit Gerichtsakten auf der Straße. / 492 – Richter verspeist Anklageschrift. / 493 – Deutschlands eisernste Jungfrau: »Ich werde 106 und hatte noch nie Sex!« / 494 – Elton John sieht aus wie Ariel-Klementine. / 495 – Elton Johns Baby hat 2 Mütter! / 496 – Die nervt sogar die Maden! Dschungel-Aufstand gegen Sarah. / 497 – Wie krank war Knut? Oder hat er den Tod seines Pflegers nie verwunden? / 498 – Boah, sind wir Laaangsamläufer … / 499 – Betrunkener stellt Auto auf Polizeiparkplatz ab! / 500 – Fluglinie bankrott – Stewardessen kämpfen um die nackte Existenz. /

501 – Bastler will Modell-Boot retten. / 502 – Soldat spricht Heiratsantrag auf falsche Mailbox. / 503 – Mini-Taliban kaum größer als Gewehr. / 504 – Ich habe meine Frau für meinen Hund verlassen. / 505 – Miau! Miau! Postbote heiratet seine Katze. / 506 – Jacob Sister (ohne Pudel) ins Dschungelcamp. / 507 – Lola rennt der Mann weg. / 508 – Wer fummelt da an der Klum rum? / 509 – Einsamer Mafioso bittet um Verhaftung. / 510 – Seekrank geworden? Käpt'n Iglo fährt jetzt Taxi! / 511 – Vom »HarzerRoller« zum Partei-Chef. / 512 – Reh erschlägt Motorradfahrer. / 513 – Ehe vor dem Aus – Matthäus denkt über Scheidung nach ... und Liliana geht shoppen. / 514 – Hotel-Besitzer erstickt am Steak aus eigener Hotel-Küche. / 515 – Mega-Stau! Er hat den Käse auf die A3 gerollt. / 516 – Wegtreten, Herr Minister! / 517 – Jedi-Ritter darf nicht in Supermarkt. / 518 – Schöne Verkäuferinnen vertreiben Kundinnen. / 519 – Playboy-Chef hoppelt das Häschen weg! / 520 – Maite Kelly jetzt TV Prallerina. / 521 – Courtney so gar nicht Lovely! / 522 – Hartz-4-Empfänger als Hundekot-Kontrolleure. / 523 – Lesben lärmen – Fans fort! / 524 – Koreaner heiratet sein Kissen. / 525 – Mir ist ein Stück Airbus auf den Hof gefallen! / 526 – Ei, Ei, Ei! Arminia BieleFÄLLT – Trainer kippt vom Stuhl. / 527 – Soldaten müssen 40 Jahre alte Unterwäsche tragen! / 528 – US-Tourist tief enttäuscht: Keiner wollte meine Dollars. / 529 – Sarrazin von Türken aus Lokal verjagt! / 530 – Percy Stuart schenkt sich 4. Ehefrau zum 70. Geburts-

tag. / 531 – Fürstin Gloria jetzt Putzfrau. / 532 – Michael Jackson – Wird er ohne Gehirn beerdigt? / 533 – Heute Popstar, morgen Flop-Star? / 534 – Kevin Costner – Der jetzt im Möbelhaus tanzt … / 535 – Das ist das Kuckucks-Kind vom Bio-Bauern. / 536 – Bricht der Queen der Klunker aus der Krone? / 537 – Das war bieder, Mann! / 538 – Einmal flutsch, WM-Tour futsch? / 539 – Länderspiel-Absage – Bierhoff weint um Enke. / 540 – Adios Diego! Dein Messi kriegt heute auf die Fressi. / 541 – 10.000 singen mit, nur ER hat ein Problem. Hier sucht Schlager-König Wendler seinen Text. / 542 – Knacki glaubt, diese Katze sei seine tote Mutter. / 543 – Cornelia knutscht wie von Sinnen … und Hella guckt Scheel. / 544 – Lena Meyer-Langweilig! / 545 – Alligator kommt in Ausnüchterungszelle. / 546 – Wehe, wenn er hochkommt! Auf diesen Verschütteten warten Ehefrau UND Geliebte / 547 – Löwen töten Mann unter Dusche. / 548 – Klitscho-Opfer ging auf dem Klo k.o. / 549 – Polizei zerrte Mörder Michalski vom Damenrad. / 550 – Hier vergeigt ein Star-Geiger seine Beziehung. / 551 – Sie hat's vergeigt! Und turtelt jetzt mit einem Rocker. / 552 – Drama bei den Zillertaler Volksmusikern – Schürzenjäger stirbt im Ferrari. / 553 – Alle jagen Mogel-Odette … / 554 – Metallsuchgerät findet Diamant-Ring in Hund. / 555 – Fetter Mann klebte zwei Jahre auf Stuhl fest. / 556 – Putzfrauen werfen Kunstwerk weg. / 557 – Von wegen Töre, Töre, Töre – Rudi knapp an Super-Blamage vorbei.

274 – Was macht die Kuh im Kofferraum?

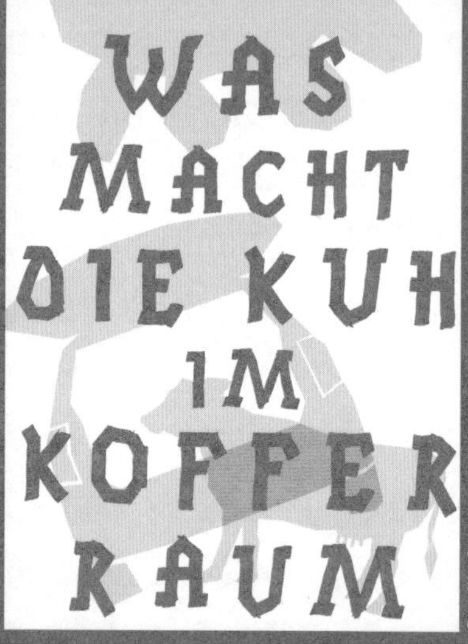

Camilla Schröer

363 – Lebensmuuhhde? Kühe stürzen sich von Klippe.

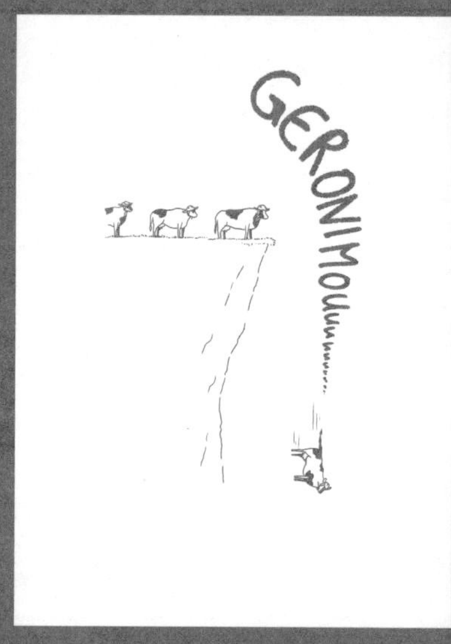

Christina Balykin

274 – Was macht die Kuh im Kofferraum?

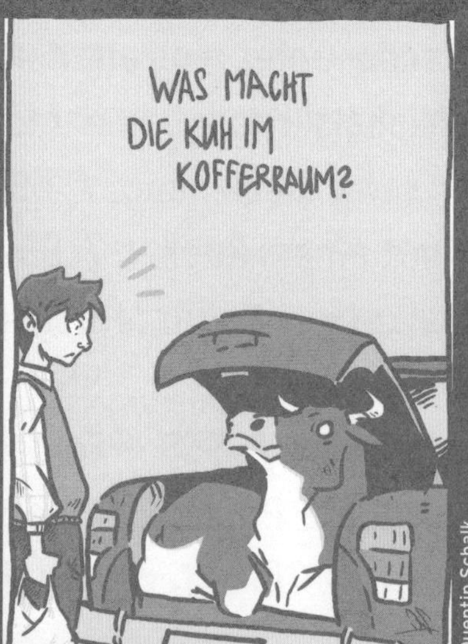

Quentin Schalk

334 – Kuno, der Killer-Fisch – Hat er einen Dackel verschlungen?

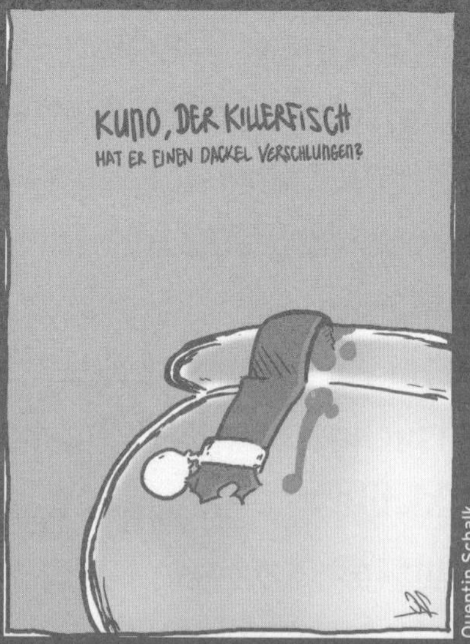

Quentin Schalk

383 – Wird mein Hund böse, wenn ich ihn auf strenge Diät setze?

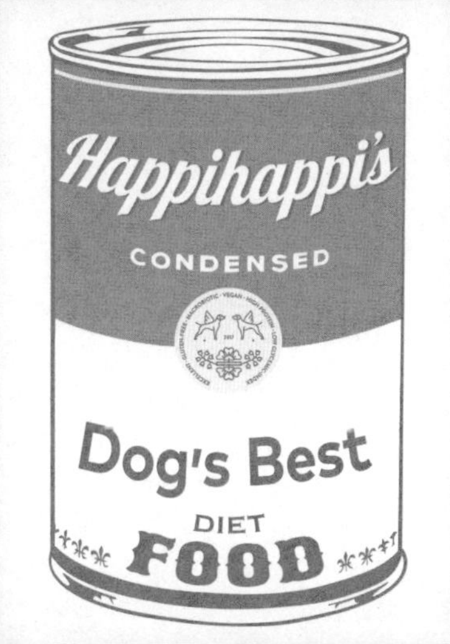

Laura Jil Heim

431 – Enthüllt! Tutanchamun hatte abstehende Ohren.

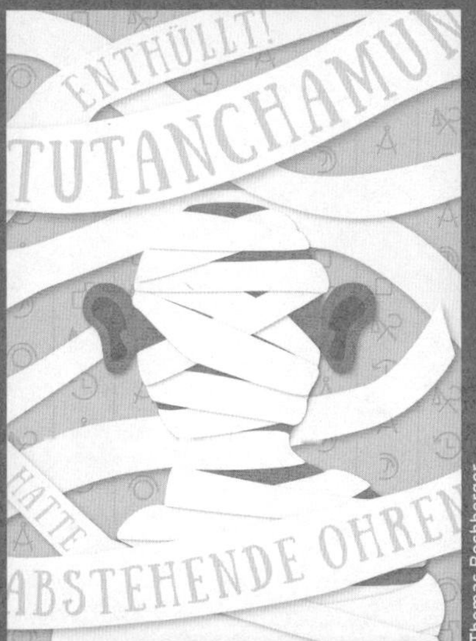

Thomas Bechberger

517 – Jedi-Ritter darf nicht in Supermarkt.

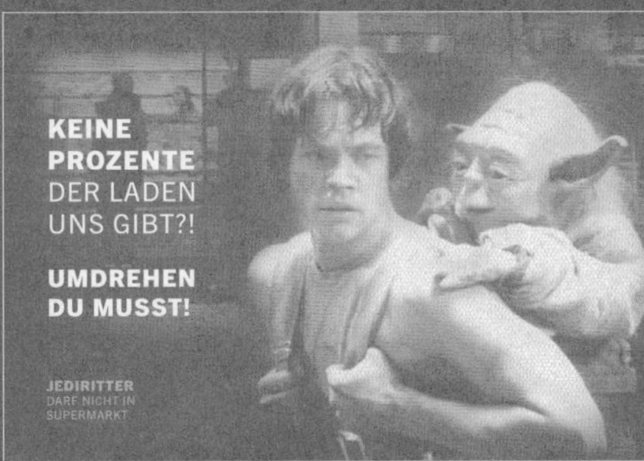

Moritz Kuhn

Brüste

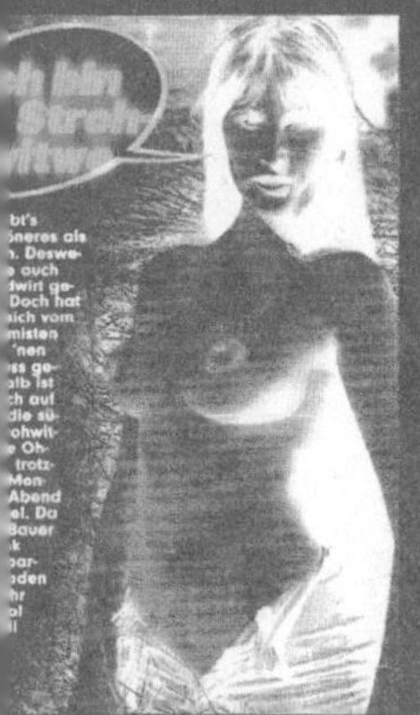

Bild

ASSBAR · ÜBERMÄSSIG

EGA-BEILAGE

e Deutschland im Wort der Bild

Immer mehr Frauen prellen ihren Schönheits-Chirurgen

POLIZEI SUCHT DIESEN BUSEN

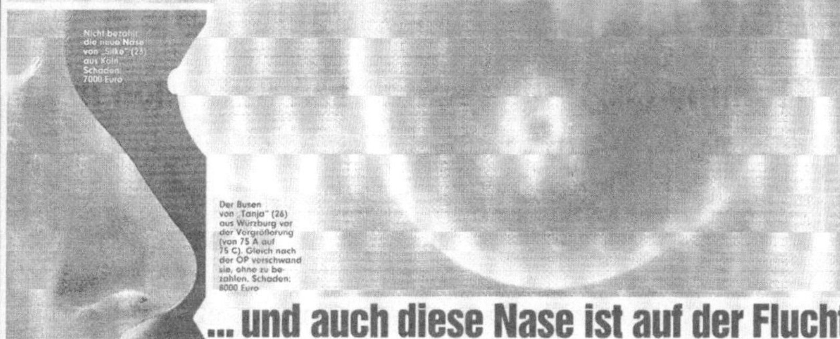

Nicht bezahlt: die neue Nase von „Silke" (23) aus Köln. Schaden: 7000 Euro

Der Busen von „Tanja" (26) aus Würzburg vor der Vergrößerung (von 75 A auf 75 C). Gleich nach der OP verschwand sie, ohne zu bezahlen. Schaden: 8000 Euro

... und auch diese Nase ist auf der Flucht

Von ATTILA ALBERT und DANIEL CREMER

Köln – **Es sind die wohl ungewöhnlichsten Fahndungsbilder, die Ermittlern je untergekommen sind. Huskis Brüste und eine wohlgeformte Nase – von Frauen, die ihre Rechnung beim Schönheits-Chirurgen nicht bezahlt haben!**

Das Opfer: Chefarzt Dr. Michael A. König (40). Er leitet das Zentrum für ästhetisch-plastische Chirurgie (24 Betten, 4 OP-Säle) der „Klinik am Ring" in Köln. „Die Damen hatten sich mit falschem Namen angemeldet", sagt er. „Nach der Operation, die meist nur eine Stunde dauerte, liefen sie weg."

„Tanja" (26) aus Würzburg ließ sich die Brüste von 75 A auf 75 C vergrößern (290 ccm Implantate). Der Arzt: „Sie sagte nach der OP, sie wolle mal kurz frische Luft schnappen – und war weg, ohne zu zahlen." Schaden: 8000 Euro.

„Sabine" (36) ließ die Brüste vergrößern (von 75 B auf 75 C, 260 ccm) und straffen. „Erst unterschrieb ihr Partner, wollte zahlen. Nach der OP zeigte sich, dass er pleite war. Sie lebte von Hartz IV, war unpfändbar." Schaden: 9500 Euro.

„Silke" (23) aus Köln bekam eine neue Nase. „Sie sagte, ihr Mann würde gleich kommen und bezahlen. Sie verschwand vor der Wundversorgung – mitsamt der Tamponaden in ihrer Nase." Schaden hier: 7000 Euro.

„Beate" (35) aus Frankfurt, auch eine neue Nase: „Sie hatte das Geld angeblich auf dem Küchentisch vergessen. Als wir nach der OP zur Morgenvisite kamen, war das Bett ebenfalls leer..." Schaden: Auch 7000 Euro.

Warum hat sich der Arzt, der jetzt die Polizei eingeschaltet hat, keinen Ausweis zeigen lassen? Dr. König: „Bei Privatpatienten in der Schönheits-Chirurgie ist das eigentlich unüblich. Doch solche Fälle zwingen mich leider dazu – und zu Vorkasse."

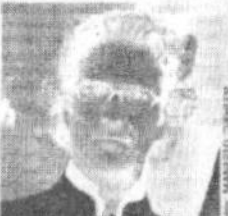

Schönheits-Chirurg Dr. Michael A. König (40)

VICTORIA BECKHAM
Push, push ins Körbchen!

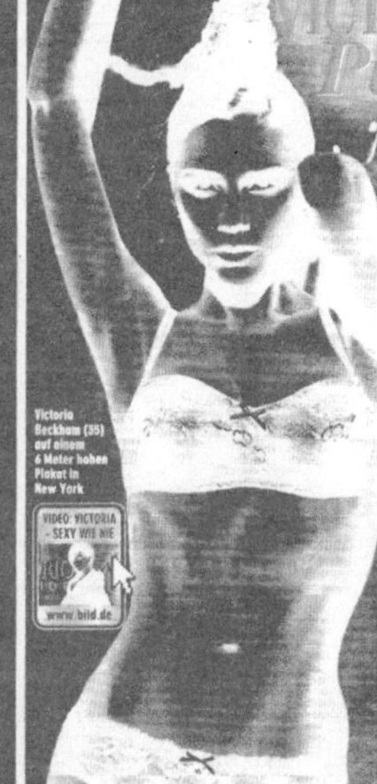

Victoria Beckham (35) auf einem 6 Meter hohen Plakat in New York

VIDEO: VICTORIA – SEXY WIE NIE

www.bild.de

Von A. PAWLU

New York. Und heute erzählen wir mal, wie so ein ganz normaler Wochentag bei der internationalen Familie Beckham aussieht. Mami **Victoria Beckham** (35) präsentierte in New York ihr neues Emporio-Armani-Unterwäsche-Werbeplakat. Straffer Bauch, straffes Haar, gepushter Busen – astrein! Psst: Hunderte Besucher im Kaufhaus „Macy's" strolchten mit Pupillenglühen dran vorbei.

Papi **David Beckham** (34) kickt in Mailand – und schaut sich dort nach einem neuen Haus für die Familie um.

Tja, und **Cruz** (4), **Romeo** (6) und **Brooklyn Beckham** (10) wurden mit ihrer Nanny und traurigen Kinder-Gesichterchen auf einem Spielplatz in L. A. gesichtet ...

Ich zeig meine Förmchen

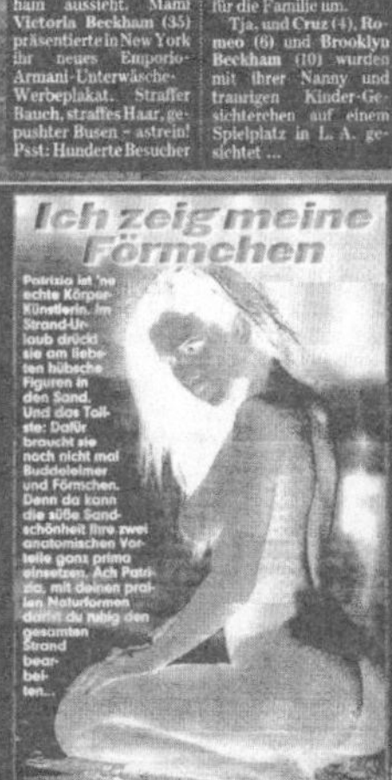

Patrizia ist 'ne echte Körper-Künstlerin. Im Strand-Urlaub drückt sie am liebsten hübsche Figuren in den Sand. Und das Tollste: Dafür braucht sie noch nicht mal Buddeleimer und Förmchen. Denn da kann die süße Sandschönheit ihre zwei anatomischen Vorteile ganz prima einsetzen. Ach Patrizia, mit deinen prallen Naturformen darfst du ruhig den gesamten Strand bearbeiten...

Billig-BH rettet Opfer bei Messer-Attacke

London – **Vicky Parsons** (26) verdankt ihr Leben dem Draht in ihrem Billig-BH für 7,50 Euro. Die Barfrau aus Hull (Großbritannien) wurde von einem Irren angegriffen. Der Mann stach ihr mit dem Messer in die Brust. Sie kam schwer verletzt in eine Klinik. Der Draht hatte verhindert, dass sich die Klinge tiefer ins Fleisch bohrte, so ihr Leben gerettet.

BH rettet Bäuerin das Leben

Villagarcia de Arosa – Eine Frau in Villagarcia de Arosa (Spanien) hat einen Blitzschlag überlebt – weil ihr BH wie ein Blitzableiter wirkte. Die Bäuerin (45) hatte mit ihrem Mann Kartoffeln gepflanzt, als sie von einem Blitz getroffen wurde. Ihr BH mit zwei als Stütze eingenähten Drähten leitete den Blitz an der linken Körperseite wieder heraus. Die Frau wurde nur leicht am Bein verletzt.

▲ Sharon Stone (48) und ihre berühmte Szene aus „Basic Instinct"

▲ Tatjana Gsell setzt sich à la Sharon Stone in Pose, lüftet das Kleid. Ein Höschen ...

... trägt sie offenbar nicht

Basic Instinktlos
Hier macht Gsell auf Stone

Berlin – Was soll das denn? Busenmacher-Witwe Tatjana Gsell (34) machte bei der Kino-Premiere von „Basic Instinct 2" in Berlin plump einen auf Sharon Stone (48). Völlig instinktlos versuchte sie, die berühmte „Bein-Überschlagsszene" aus dem Erotik-Thriller nachzuahmen! Die Gsell zeigte erst mehr Busen als nötig – und ließ dann unten rum allertiefst blicken. Bei der Aftershow-Party im legendären Swinger-Sexclub „Kit Kat" versuchte Gsell fünfmal in den VIP-Bereich vorzudringen. Und wurde abgewiesen.

Es rutscht! Frau Gsell hat wohl noch nie von Tesafilm gehört

Geldstrafe! Bardame zerdrückt Dosen mit Brüsten

Canberra – Bardame Luana De Faveri (31) unterhielt in Madurah (Australien) ihre Kunden auf besondere Weise: Sie klemmte Bierdosen zwischen ihre Brüste – und zerquetschte die Büchsen! Aber in Australien gelten sehr strenge Bestimmungen für den Alkohol-Ausschank. Anzeige! Jetzt muss De Faveri eine Strafe von 630 Euro zahlen.

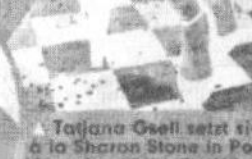

Noch mehr Fotos von Nina unter www.bild.t-online.de

...nigung für den Mann

001 – Heidis Kampf gegen die Kilos.

002 – Naddel lässt ihren Busen wiegen.

003 – **Da schämt sich der Sommer.**

004 – Sie haben 50 Mal Sex am Tag!

005 – »Viagra« der Pharaonen war eine Lotusblüte.

006 – Die Ahnungslose und die Schamlose.

007 – Ich bin die Strohwitwe.

008 – Was ist das? Eine Frau die zupackt!

009 – Bagger mich an, aber richtig!

010 – Streichle mich mit deiner Faltenhand!

011 – Luder-Alarm im Museum.

012 – **Der Glocken-Fachmann kommt gleich.**

013 – HINGIS – Hat Sie Busen-Neid?

014 – Gockel gegen Hühner: Jetzt zoffen sich die Hühner.

015 – Raten Sie mal, was sich Katie Price als Nächstes liften lassen will.

016 – Wer möchte da nicht klettern …

017 – Vorsicht, Weihnachtsfeier …

018 – Beweg dich nicht, Christine!

019 – Ein Wunder, dass der Fotograf nicht verwackelt hat.

020 – Michelle mit neuem Busen: Findet sie jetzt den Mann fürs Leben?

021 – Prinz Lüstern versöhnt sich mit seiner Ex-Frau.

022 – Veronica zieht alle Strippen.

023 – Ich zeig meine Förmchen.

024 – **Wow! Echt harte Bälle.**

025 – Diese Werbung ist 'ne runde Sache.

026 – Bälle pompöös.

027 – Ronaldo: Passiv-Sex macht mich Tor-geil.

028 – Rätsel Schewtschenko: Macht sie ihn wieder torgeil?

029 – Frauen-Ringen bei Olympia: Muss das sein?

030 – So knackig waren die alten Griechen.

031 – Bigamie Prozess! Millionär heiratete 90 Jungfrauen.

032 – Monique ist ent-Hemd.

033 – »Was wollen Sie mit 36 Pullovern?«

034 – Steffi macht jetzt in Leder.

035 – Joan Collins, das ewige Biest: Darf man mit 68 noch so scharf aussehen?

036 – Agassi liebt Steffis Maultaschen.

037 – Wie geil macht Halbfett-Margarine?

038 – So machen es also die Karotten …

039 – Anni & ihr Busen-Trick: Mit Doppel-BH zum Gold.

040 – Ahhhhhhhh, zerdrück nicht meine Aufblasbaren!

041 – Neues von Bum-Bum-Busen.

042 – Nina und ihre zwei Schnäppchen …

043 – Aus Twiggy wurde Biggy.

044 – Das total verrückte Busenspiel.

045 – Geyer gnadenlos weggeblasen:
»Diesen Sieg widmen wir den Huren von St.Pauli«.

046 – Mini-Peepshow für die Hosentasche.

047 – Was hat das in der Kirche zu suchen?

048 – Das (P)Orakel.

049 – Bizarre Karotte für 16.000 Euro versteigert.

050 – Eva hat mächtig Auftrieb.

051 – Wie schafft es Pamela eigentlich, nicht nach vorne zu kippen?

052 – Der Nacktkalender von der Uni … und wir dachten die studieren.

053 – **Wir sind spitze Spitze.**

054 – Das ist kein Blumentopf …

055 – Wie Hasch-Prinz Harry die Girls anbaggerte:
»Komm doch auf einen Drink in meinen Palast«

056 – Bringt Blasi Toti wieder hoch?

057 – Das beste Stück des liebestollen Rasputin.

058 – Nino de Geilo.

059 – Kann ein Busen wirklich platzen?

060 – Ich freu mich auf die HochzeitsNackt.

061 – Der trojanische Hintern.

062 – Schlankbusch wird Feldmops.

063 – Das ist der älteste Bikini der Welt.

064 – **Putzen macht geil.**

065 – Hier strippt die 1. Geld-zurück-Hure.

066 – Die Gsell schläft bei den wilden Gesellen.

067 – Big Busen bei Big Brother.

068 – Die schönsten Böller im Karneval von Rio.

069 – Beißer Tyson jetzt Grabscher.

070 – Bitte nur aufs Geld gucken!

071 – Ach wie geil, RTL zeigt Caroline Nacke-Beil.

072 – Da biegen sich die Palmen …

073 – **Die Palmen wedeln schon ganz gierig.**

074 – Hat die Papaya den Sex erfunden?

075 – Auf den Azoren kam er hoch …

076 – Pilze haben den Sex erfunden.
Stehen nur rum und haben's doch faustdick hinter den Lamellen!

077 – Frau Nachbarin, was treiben SIE denn hier?

078 – **Busen-Club wählt 1. Brust-Vorsteherin.**

079 – Cindy, du bist jetzt die Größe!

080 – Der Brust-Radau von Frau Tagesschau.

081 – Pam faucht Siegfried und Roy an.

082 – Grabscher Gnadenlos!

083 – **Brustalarm! Mode von Verrutschi.**

084 – Was ist hier zu klein?

085 – Susan, zieh dich wieder an!

086 – Greis am Stiel.

087 – Ohne Rauch geht's auch.

088 – Na, wer kurvt denn da herum?

089 – Ei! Ei! Ei! Jetzt bebt der Busen von Ramona Drews.

090 – Müllermilch lässt sich von Naddel nicht melken!

091 – Von wegen Ritt-Meister!

092 – Ich soll abgeschafft werden!

093 – Stefanie Hertel – trinkt Ihr Trompeter besser, als er bläst?

094 – Weg mit dem Sex an den Haltestellen!

095 – Angelika hat viel zu schleppen.

096 – Heute spricht ihre Busenfreundin.

097 – Die etwas andere Milch-Bar.

098 – Kirchen gegen sündiges Eis.

099 – Das schrille Weller-Comeback. / 100 – Sonnenschutzfaktor Sex. / 101 – Der Busen-Boxer – er hat mehr Oberweite als Reichweite. / 102 – Lausitz-Luder bringt schlaffen Big Brother nach oben. / 103 – Steinzeit-Luder in Höhle entdeckt! / 104 – Wiesn-Riesen. / 105 – Geil aber geizig? / 106 – Die Saitensprung-Sinfonie. / 107 – Ein bisschen Spaß muss sein, dann kommt die Scheidung ganz allein ... / 108 – Viele Frauen zu gestresst für Sex. / 109 – Weihnachten gibt's zwei pralle Beutel extra. / 110 – Erste Telefonsex-Frau stöhnt über zu viel Arbeit. / 111 – Hat ER SIE mit ES betrogen? / 112 – Ob groß, ob klein – alle Bälle müssen rein. / 113 – Gina Wild und der Muskelmann – wer hat mehr in der Birne? / 114 – Rosi, Glotze aus, Klamotten runter! / 115 – Tatjana Gsell brüstet sich vor Gericht. / 116 – Michi macht sex Kreuzchen! / 117 – Männer sind nun mal keine Mönche! / 118 – Paris und Pam zeigen uns ihre Muschi-Katzen. / 119 – Hallo Hirsche, hier neue Arschgeweihe! / 120 – Aneta will an die großen Geräte! / 121 – Schatzi, bist du es? / 122 – Beruhigung für den Mann. / 123 – Wir sind die sündigen Schwestern von St. Angeila. / 124 – Pfusch-Mädchen hat jetzt den Traum-Busen. / 125 – Anna Nicole Smith halbiert sich fast selbst. / 126 – »Lass uns zu Ammer fi... fahren!« / 127 – Da quietscht Mann vor Glück. / 128 – Susanne liebt das Liebesspiel der Libellen. / 129 – »Frauen werden williger und Bier wird billiger« / 130 – Bräsig-brunftig brutzelt Britney Breitbein. / 131 – Schöne Nixe, willst du mal an mein Ruder? / 132 – »Wenn du mir kein Geld gibst, versteck ich dein

Toupet« / 133 – Mir kann es nicht groß genug sein. / 134 – Tutto Bekloppto – So wollen uns die Italiener den Urlaub vermiesen. / 135 – Warum packt mich keiner ganz aus? / 136 – Pam, uns wird ganz Anders(on). / 137 – Will Boris bei Frauen immer nur BUM BUM? / 138 – Nebenbuhlerin kommt von der Stange. / 139 – Zu Weihnachten ein neuer Busen! / 140 – Der Dicke vom Sex-Telefon. / 141 – Transen-Bankräuber liebt Nackt-Bankräuberin. / 142 – Sex-Notruf – schnell, geil und hemmungslos. / 143 – Playmates 2005 – Aber wo ist Nr.12? / 144 – 4 Tote wegen dieses Busens. / 145 – Busen-Verbot für Verona. / 146 – Neuer Busen – Neuer Bauch – Neuer Po – Stabsfeldwebel rüstet seine Familie nach. / 147 – Kluge Männer haben mehr Sex. / 148 – Basic Instinktlos – Hier macht Gsell auf Stone. / 149 – Playmate Giuliana erklärt uns jetzt die Welt. / 150 – Heidis Welt sind die Berge. / 151 – Klinsi, wir sind dein Heim-Vorteil. / 152 – Sex-Attacke auf Rentner (101). / 153 – Sexy Seventies. / 154 – Frauen denken auf dem Weg zur Arbeit fast nur an Sex. / 155 – Prostituierte schlitzt Millionen-Bild auf. / 156 – »Du denkst doch, die Zauberflöte ist von Beate Uhse« / 157 – Das ist Amerikas beste Börsen-Expertin. / 158 – Wie gut küsst eine 76-jährige Zunge? / 159 – Hamster frisst Brustwarze. / 160 – Pamela Anderson lässt die Hochzeits-Glocken läuten. / 161 – Polizei sucht diesen Busen und auch diese Nase ist auf der Flucht. / 162 – Maradona lässt wieder die Bälle tanzen. / 163 – Antje tut's nur zwischen Ständern. / 164 – Geiler Schlitten, Weihnachtsmann!

/ 165 – Diagnose Doktorspiele. / 166 – Ade Körbchen D – Gina Wild lässt sich ihren Busen verkleinern. / 167 – Britney Spears – Endstation Schlampe. / 168 – Natalie zeigt ihre Hüglein. / 169 – Lesen ist geil! / 170 – Warum zeigen immer mehr Menschen ihre privaten Sexfilme im Internet? / 171 – Busen-Unfall! Plötzlich hat es BLUBB gemacht. / 172 – Pampelmusen-Duft macht Frauen jünger. / 173 – In ihrer Rolle ging's fast nur ums Fi... und Vö... / 174 – Alexandra prüft ihren DisPO. / 175 – Der Beweis! Geiz macht Geil! / 176 – Was macht die Nackte an der Tanke? / 177 – Hilfe, meine Brüste wachsen! / 178 – Mit dem Bestatter will ich nicht in die Kiste. / 179 – Da schwimmt der Popo einer Sex-Puppe. / 180 – Lieber Busen-Block als Schwarzer Block. / 181 – Hier guckt Bruce Willis Halle auf ihre Berrys. / 182 – ARD zeigt Harald Schmidt auf einer Nackten. / 183 – BH rettet Bäuerin das Leben. / 184 – Sexy Rekord-Hüpferin begeistert Millionen. / 185 – Sie war das Schnaps-Mädchen in der Blaskapelle. / 186 – Achtung, Busen-Falle im Karneval. / 187 – Pille für den Mann macht leider Schwabbelbrüste. / 188 – Sapphira und das romantische Glockenspiel. Schleck-Spielchen mit Busenfreundin. / 189 – Pam wird 40 – aber ihre Brüste erst 18. / 190 – Porno-Schock auf dem Pausenhof. / 191 – Klingeling! Bei Opern-Diva Netrebko läutet's im Busen. / 192 – Giulia völlig unversiegelt ... / 193 – Geldstrafe! Bardame zerdrückt Dosen mit Brüsten. / 194 – Entdeckt: Formel für den perfekten Busen. / 195 – Gottlieb Wendehals' Sex-Polonaise. / 196 – Ich habe

Voyeurismus. / 197 – Wird das Dschungel-Camp jetzt zum Sex-Camp? / 198 – Billig-BH rettet Opfer bei Messer-Attacke. / 199 – Hühner-Hansi aus »Bauer sucht Frau«: Scheidung wegen FKK-Gier. / 200 – Traumfrauen zu versteigern. / 201 – Stimme kommt aus dem BH – Roboter-Sekretärin. / 202 – Spinne auf dem Busen, Krokodil zum Schmusen. / 203 – Bruder enthüllt Madonnas Sex-Fantasien. / 204 – Haben sie auch Parthenophobie? / 205 – Nacki gegen Knacki. / 206 – Bundeswehr will meinen Busen nicht! / 207 – Diese Bälle machten sie zum Star. / 208 – Mein erster Schultag nach den Nacktfotos. / 209 – Bild-Girl Isabella will die zweite Busen-OP. / 210 – Soldaten fordern: Her mit der Busen-Granate! / 211 – Busen-Schmusen in der Sonne. / 212 – Oben ohne im kalten Kanada. / 213 – Bei ihr ging Ronaldo steil. / 214 – Vom Bunny zur Mami. / 215 – Blut-Mond macht Lust auf Sex! / 216 – Deutsche Bank verbietet Bordell-Besuche auf Firmenkosten. / 217 – So brav war sie als Kind. Süße Nackt-Fotos. / 218 – Sonne lacht! Paola hat sich nackt gemacht. / 219 – Suff mit 13, Sex mit 14, Drogen mit 15. / 220 – Bei der Bett-Szene trug ich Woll-Socken. / 221 – Jetzt hat schon die Polizei Sex im TV. / 222 – 130.000 Plastik-Brüste verschwunden. / 223 –Dschungel-Lorielle – Jetzt zeigt sie (er) alles. / 224 – Wieso fährt der brave Häkkinen auf diese Stripperin ab? / 225 – Welche Dschungel-Lady schnappt sich den schönen Schwanz? / 226 – Mädchen wünschen sich neue Busen zum Abi. / 227 – Das Top-Model als Popp-Model. / 228 – Kino-Star drehte Insekten-Porno.

229 – Wenn Deutschland gewinnt, zeigt Eva alles!

230 – Gibt's den Bausatz jetzt bei IKEA?

231 – **Mutti-Frutti.**

232 – Ich bin ein Star, ich zieh mich aus.

233 – Hab dich nicht so affig, küss mich!

234 – Wie kann eine Kuscheldecke so wichtig sein?

235 – Schau mal Roberto, deine Tochter zieht blanco.

236 – Im Bett haben Hunde einen höheren IQ als Männer.

237 – **Barbie jetzt mit Arsch-Geweih!**

238 – Victoria Beckham: Push, push zurück ins Körbchen!

239 – Britin siegt im Kampf für billige BHs.

240 – Nackte Garde schockt Queen.

241 – So lebten die Sex-Leichen von Dr. Tod.

242 – Zwischen diesen Fotos liegen 22 Jahre –
zwischen diesen Fotos liegen 13 Kilo.

243 – Die 100 erotischsten Frauen Deutschlands.

244 – Gegen Doreen nippelten alle ab.

245 – Der Riesen-Keese mit Dita von Teese.

246 – Gottschalk freut sich auf seinen Lieblingsbusen.

247 – Pamela zeigt ihre heiligen Bimbams.

248 – RIHANNA – Mit Doppel-Whopper zu McDonald's.

249 – »Ficken« ist gar nicht versaut.

250 – COCO hat 'ne Popo-Theke!

251 – Macht & Sex – fehlt Karriere-Männern der Aus-Knopf im Gehirn?

252 – Bei Sylvie kommen wir in Vaart!

253 – Neues von Berlusconi – »Leg dich schon mal in das große Bett!«

254 – **Haribo-Chef zeigt sein liebstes Bärchen.**

255 – Polen-Yeti begafft Bikini-Girl.

256 – Wenn die Gondeln Glamour tragen.

257 – Schade, dass es dieses Model(l) nicht bei IKEA gibt.

258 – »Yes we can dance« Neue Tanzshow auf Sat.1 – Silikon-Tango!

259 – Aus Rammstein wird RammELstein.

260 – Berlusconi brüstet sich mit Sekretärinnen-Sex.

261 – So wird Ostern hasengeil.

262 – »Let's dance« – Liliana rollt das Feld von hinte(r)n auf.

263 – So scharf wie PIPPAroni!

264 – Tante Coco, was ist Silikooon?

265 – Wer wird Germany's Next Top-Luder?

266 – Soldaten-Transe scheitert mit Busen-Klage vor Gericht.

267 – »Ich wäre fast verblutet« – Busen-Drama um schöne Moderatorin.

268 – Meine Berge zeige ich nur noch in Deutschland.

269 – Da wackeln doch die Berge! –
Schweizer Politiker will deutsches Playboy-Model rauswerfen ...
weil sie kein Schwyzerdütsch kann.

270 – Der schöne Po der Jackie O. –
Diese Bilder der Kennedy-Witwe werden versteigert.

271 – Milliardär fliegt auf Miss Air Berlin.

272 – Der schlüpfrige Schwimmer –
Bei Deiblers Rekord-Anzug sieht Frau/Mann einfach alles.

273 – Serena Williams ... serviert zwei Asse!

274 – Tiger Woods & sein Harem – Die Nächste bitte!

275 – Diese Frau zieht Schlagzeilen an.

276 – Tiger-Woods-Kalender 2012 –
Die (vielleicht) wichtigsten Termine in seinem Sex-Jahr.

277 – So was hat unser Flughafen noch nie gesehen –
Nackt-Demo gegen Nacktscanner.

278 – Reporterin greift Beckham mit Latex-Handschuhen in den Schritt.

279 – Obamas schärfster Gegner war mal Nacktmodel.

280 – **Tutanchamun war beim Vaterschaftstest.**

281 – Carla Brunis Popo unterm Hammer!

282 – **Die Männer-Falle von Malle bei der Arbeit.**

283 – Tiger Woods locht wieder ein …
und seine Frau trifft sich mit Tennis-Star Roger Federer.

284 – Frühlings-Auftritt des Frankfurter Originals:
Der nackte Jörg ist wieder da – mit Winterspeck!

285 – Katie Price & Alex Reid – Zu viert am Strand.

286 – Neues Video im Latex-Anzug – AgeilERA gibt Gummi!

287 – Hatte das Tattoo-Luder auch Sex mit Schniedel-WOODS?

288 – Karel Sex-Gott – Durch seine Betten summten Hunderte Bienchen.

289 – Die Queen ist jetzt Puffmutter.

290 – Jeder Tag ein Treffer. / 291 – Schuhe können so gemein sein! ... und keiner hilft. / 292 – Model plant Brust-»Tittoo«. / 293 – Agentin 00Sex – Im Bett war sie eine Waffe. / 294 – Gina-Lisa – Zack, die Brüste! / 295 – Belmondo als Bratwurst. / 296 – Mick Hucknall – Simply fett! / 297 – Heute feiert Claudia Schiffer 40. Geburtstag. / 298 – Daniela Katzenberger über Suff & Schönheits-OPs – Lieber Silikon als Mariacron! / 299 – Kommunisten verteilen Porno-Stifte an Erstklässler / 300 – Muammar Al-Gaddafi – Sein Schönheitschirurg packt aus. / 301 – Wenn D-Promis ins Fernsehen dürfen – Busen-Bungee bei RTL. / 302 – Rapper-Krieg um Gina Lisas Busen. / 303 – Das TV-Duell – Blond gegen Blubb. / 304 – Brigitte Nielsen bohrt ihren Zahnarzt an. / 305 – Bibi und der Busen-Wischer. / 306 – Auto-Katalog zeigt Katzenbergers Original-Teile. / 307 – Ja, ist denn heute schon Weihnachten? – Adriana Lima zeigt ihre Glitzerkugeln. / 308 – Geschenk für Ecclestone – Rollator mit Viagra-Knopf. / 309 – Ei! Ei! Ei! Da ist das Ding – Darf diese Ball-Trägerin auch in der Bundesliga ran? / 310 – Der nackte Wahnsinn – Schweini-Doppelgängerin auf Postkarte entdeckt. / 311 – Au Backe! / 312 – Amy Winehouse – Hallo, Leute! Wie findet ihr meinen Balkon? / 313 – Indira – Erst rekeln, dann ekeln. / 314 – Bei Merkel war Berlusconi ganz brav! / 315 – Berlusconi – Bunga-Bunga mit Gaddafis Tochter? / 316 – Indira – Machen Dschungel-Maden mollig? / 317 – Warum soll ich mir ein unscharfes Bild ansehen? / 318 – Husch-husch

ins Körbchen! / 319 – So entstand das Riesenposter mit den BILD-Girls. / 320 – Unbekannte stehlen Nacktfoto von Berlusconi. / 321 – ... und dieser Elefant wollte Sex mit einem VW Passat / 322 – Schrumpf-Pfeil! Schumi hat den Kürzesten. / 323 – Shakira knutscht Fussball-Star Piqué – Hüftschwung liebt Ballgefühl! / 324 – Germany's next Motzmodel. / 325 – Vibratoren zum Orgasmustag! / 326 – Sex and the Gut Stupp. / 327 – Deutschlands 1. offizieller Orgasmus-Report! / 328 – Belügt ihre Frau Sie auch beim Sex? / 329 – Für 500 Euro Urlaub im Bordell! / 330 – Von unseren Gebühren! NDR zeigt Porno. / 331 – Tatjana Gesell – Peinlichste TV-Show des Jahres. / 332 – KATIS NEUER BUSEN – schau Ardi, alles für dich ... und sogar selbst bezahlt. / 333 – Da werden sogar die Maden rot: Jürgen Drews mit Frau ins Dschungelcamp. / 334 – Bären-Porno soll Pandas heiß machen. / 335 – Strippende Frauen gegen Forstbeamte. / 336 – Sexy Indira hat alles in den Mund genommen. / 337 – Unten drunter trägt sie Weiß. / 338 – Tuck, Tuck, Tuck ... Welcher Hahn kommt in mein Körbchen? / 339 – Empörung über Sex-Leichen von Dr. Tod. / 340 – Zu sexy für Gott?

074 – Hat die Papaya den Sex erfunden?

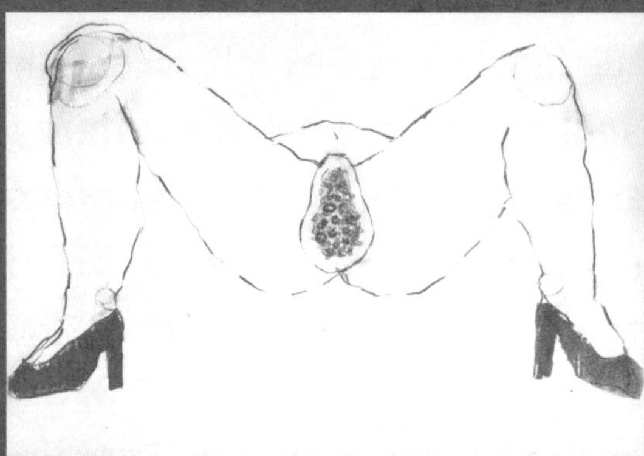

Alexandra Hotz

011– Luder-Alarm im Museum!

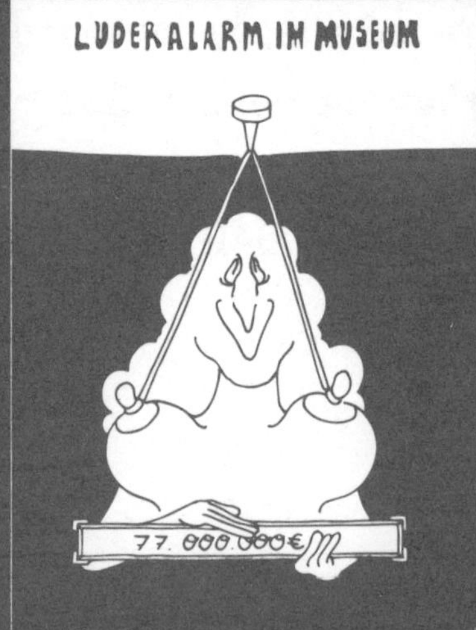

Lewin Graf

094 – Weg mit dem Sex an den Haltestellen!

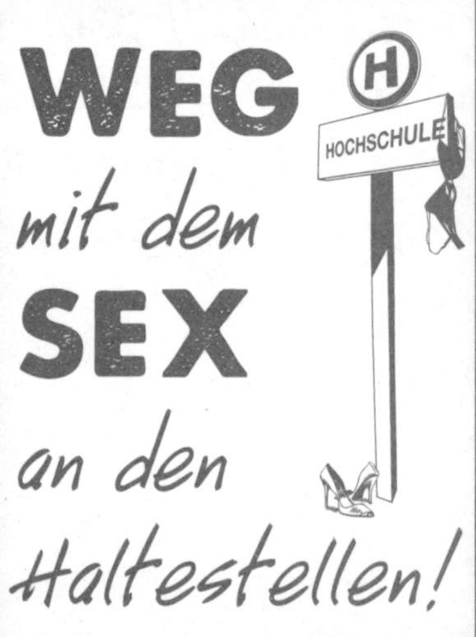

Merve Oguz

167 — Britney Spears — Endstation Schlampe

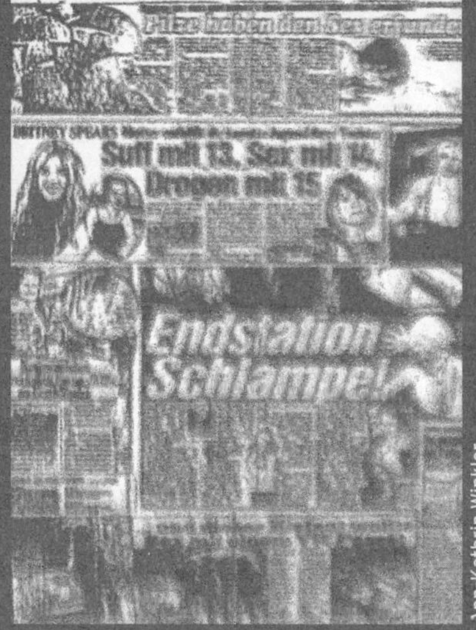

Ann-Kathrin Winkler

037 — Wie geil macht Halbfett-Margarine?

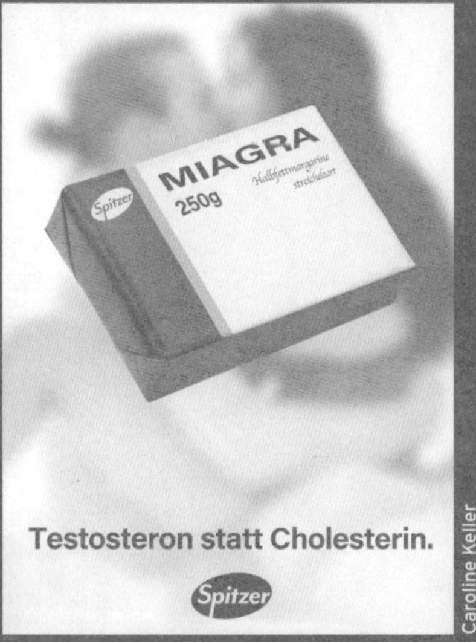

Caroline Keller

228 — Kino-Star drehte Insekten-Porno.

  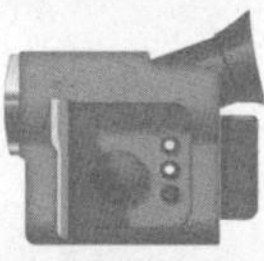 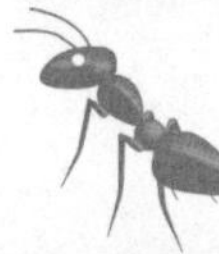 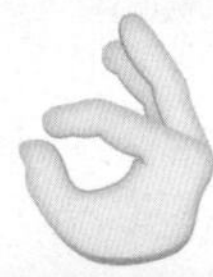 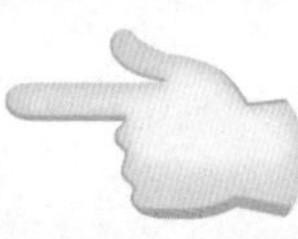

Nora Smith / Caroline Keller

110 – Erste Telefonsex-Frau stöhnt über zuviel Arbeit.

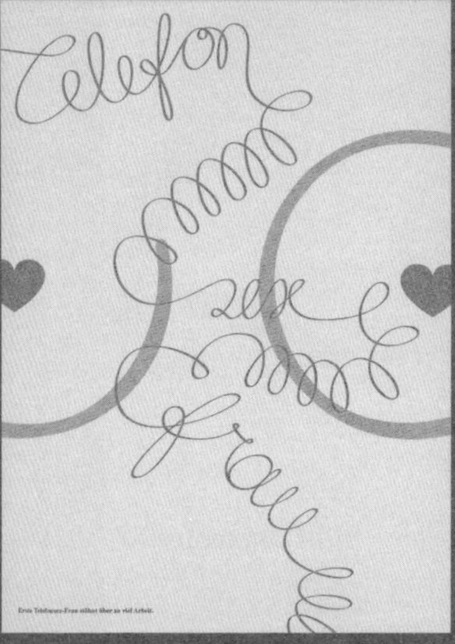

Dorina Dogan

110 – Erste Telefonsex-Frau stöhnt über zuviel Arbeit.

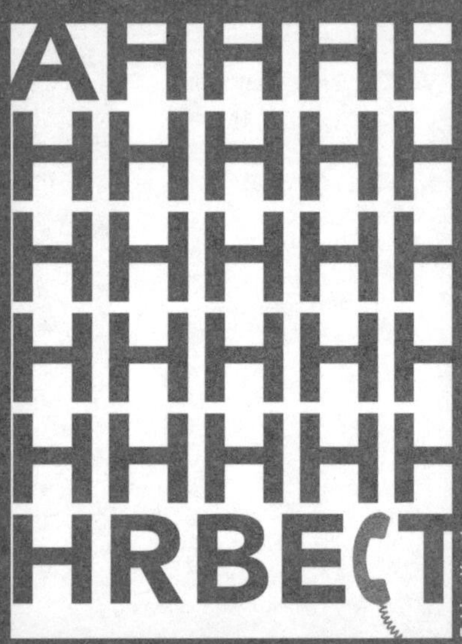

Fabian Kargl

317 – Warum soll ich mir ein unscharfes Bild ansehen?

Robin Lukas

317 – Warum soll ich mir ein unscharfes Bild ansehen?

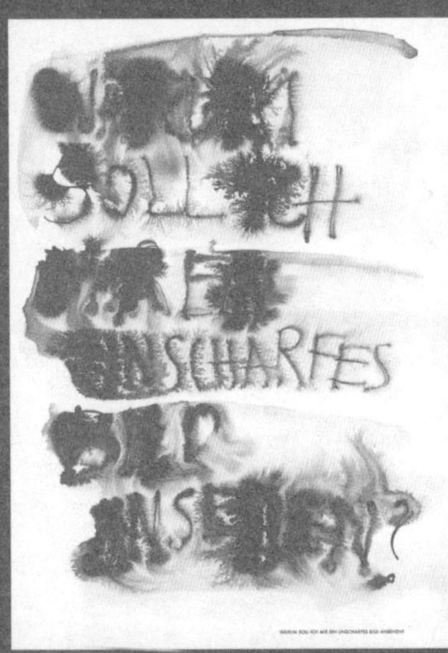

Vanessa Ernst

Jüngstes Gericht

+ Neue Milzbrand-Attentate in den USA +++ Sehr rke Bakterien +++ Kapitol in Washington verseucht

Angst!

Angst vor Terror! s Ergebnis einer Umfrage des „Stern". Und gestern beunruhigten neue Meldungen die Welt: Im US-Kapitol wurde nach einem Briefanschlag mit Milzbrand bei 33 Mitarbeitern Bakterien festgestellt! Aus Sicherheitsgründen wird der Betrieb im Repräsentantenhaus vorerst eingestellt. Erstmals benutzten die Attentäter besonders starke Milzbrand-Bakterien, die nur aus einem Biowaffen-Labor stammen können! Auch im Büro des New Yorker Gouverneurs wurde Milzbrand festgestellt. Die Angst vor dem Krieg – **Seite 2/3**

Perverser missbraucht Frau mit Karotten-Bohrer

▲ Eugen Z. (57) steht wegen mehrfacher Vergewaltigung vor Gericht

München – **Er servierte seinen Opfern Rotwein mit Schlaftabletten – und missbrauchte sie.** Von 12 Frauen machte Computerspezialist Eugen Z. (57) widerliche Pornobilder. Jetzt steht er in München vor Gericht. Unter den Opfern war auch eine Ex-Arbeitskollegin (40). „Ich trank, hatte das Gefühl wie bei einer Narkose..." Er zog sie nackt aus und missbrauchte sie besonders abartig: mit einer Karotte, die er auf einen Handbohrer montiert hatte... **Dem Vergewaltiger drohen sechs Jahre Haft.**

Diese Ex-Kollegin (40) missbrauchte er mit einer Möhre, die er so (Foto) auf einen Handbohrer montierte

0. Juli 2001
20. Juli 2011

Bild

FASSBAR · ÜBERMÄSSIG

EGA-BEILAGE

e Deutschland im Wort der Bild

KLIMA-SCHOCK

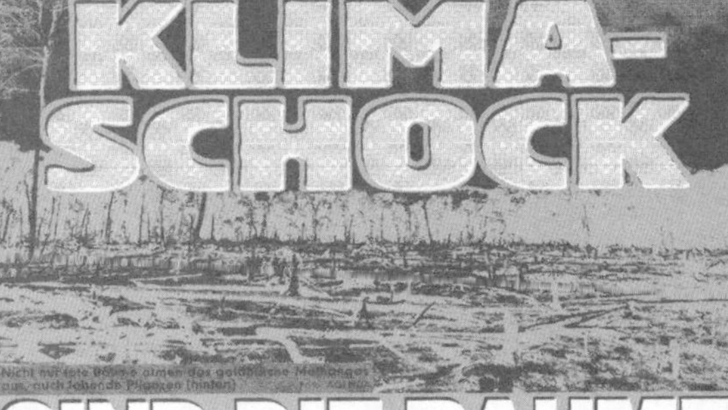

SIND DIE BÄUME SELBER SCHULD?

Von CHRISTINA MANZ

Können sich alle Biologen und Klimaforscher so geirrt haben? **Eine Studie des Max-Planck-Instituts für Kernphysik in Heidelberg wirft ihre bisherigen Erkenntnisse um: Die Bäume könnten selbst am „Treibhaus-Effekt" schuld sein!**

Sie produzieren gewaltige Mengen des Gases Methan. Es gilt als Ursache dafür, daß es auf der Erde immer wärmer wird: Es blockiert die Rückstrahlung des Sonnenlichtes zurück ins All. Dadurch heizt sich unser Planet langsam immer weiter auf.

Bisher glaubten Experten, daß Methan vor allem bei der Fäulnis abgestorbener Pflanzen entsteht. Die neue Studie zeigt, daß auch lebende Pflanzen es herstellen: Weltweit bis 240 Millionen Tonnen – ein Drittel des gesamten Ausstoßes!

Geochemiker Dr. Frank Keppler (38): „Darauf ist bisher niemand gekommen." Die Forscher dachten bisher, Pflanzen atmen nur guten Sauerstoff aus. **Versuche zeigten nun: Sie setzen auch bis zu 100mal mehr Methan als abgestorbene frei.**

Sollen wir jetzt überhaupt noch Bäume pflanzen? Die Wissenschaftler beschwichtigen. Die neue Studie „reduziert den gesamten Nutzen von Bäumen nur um einen Bruchteil."

Zwergkaninchen auf der Anklagebank

Essen – Seit eineinhalb Jahren lebt Zwergkaninchen „Molly" bei einer Familie in Herne (NRW). Jetzt untersagte die Vermieterin (78) die Haltung des Tieres, will es aus dem Haus klagen! Hintergrund des irren Rechtsstreits: Sie hält das Zwergkaninchen für einen Riesenrammler, befürchtet „ätzende Verschmutzungen"! Jetzt muss der Richter entscheiden, ob „Molly" bleiben darf.

Ich wurde am Büfett flambiert!

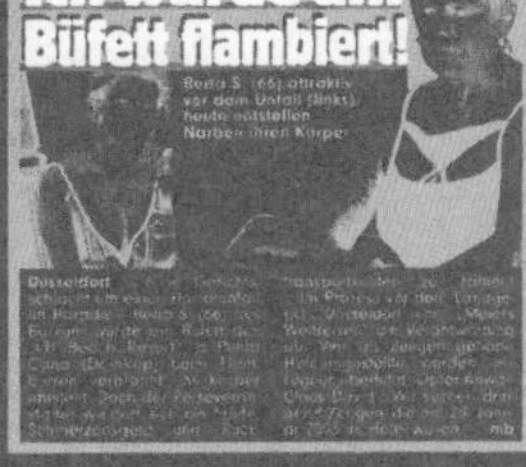

Beata S. (66) attraktiv vor dem Unfall (links)

mit Revolver zum Bügeln gezwungen

annibale ill seinen xer zurück

RANK ROLLE

er Kannibale chon – wie auf erung! nde gestern im gen Menschen in M. (42). Der sste klären, welschlagnahmten nde der Angeckhaben möchte! „Fleischwolf?" „Weg!" Die Fleischstücke he? Schnitzel, Schulterstück?" Das ist Menschen weg." Bücher, z. B. Blut-Sinne?" „Weg!" Küchenmaschine ...nik?" „Die möchte wiederhaben." Handsäge mit Griff?"

Kannibale: „Wenn ich jetzt wüsste, welche das ist." Richter: „Fleischreiber." Kannibale: „Brauch ich nicht." „Plastikpuppe?" – „Weg." Richter: „Alles aus dem Schlachtraum?" Kannibale: „Gehört Bernd (Anm. d. Red.: das Opfer) bis auf die Handkreissäge, die elektrische." Richter: „Videokamera?" Kannibale: „Will ich haben." Richter: „Sack mit Knochen?" Er stutzt, sagt dann: „Na ja, brauchen wir ja nicht drüber diskutieren." Ein Gutachter hielt den Kannibalen für schuldfähig, sagte gestern: „Er dachte schon beim Schlachten an eine Wiederholung, sagte: Der Nächste müsste jünger sein, nicht so fettig."

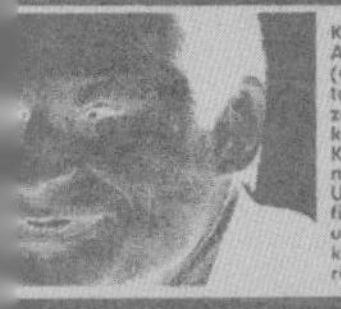

Kannibale Armin M. (42) gestern im Prozess. Er bekommt Küchenmaschine, Urlaubsfilm, PC und Videokamera zurück

e muss zum Vaterschaftstest

Kikeriki des Grauens

Schon 9 Länder von der Vogelgrippe befallen. Schon 12 Menschen tot. 24 Millionen Hühner wurden notgeschlachtet. Darf ich jetzt noch Brathähnchen und Eier essen?

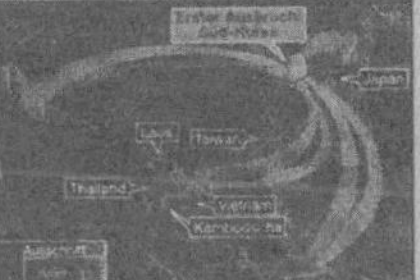

Die Karte zeigt, wie sich das Virus in Asien ausbreitet

Bangkok – **Ein Dutzend Menschen tot, 24 Millionen Hühner und Enten vernichtet – die Geflügelpest scheint nichts mehr zu stoppen.**

Jetzt droht eine weltweite Epidemie!

Zwölftes Todesopfer der verheerenden Vogelgrippe ist ein sechsjähriges Kind aus Thailand. Als neuntes Land meldete Pakistan den Ausbruch der Geflügelpest, tötete vier Millionen Hühner.

Wie ein Flächenbrand breitet sich das Virus seit Mitte Dezember aus. Es fing in Südkorea an (1,8 Millionen Hühner vernichtet). Ende Dezember schlug Vietnam Alarm: Mindestens sechs mit dem Vogelvirus H5N1 infizierte Menschen starben dort bisher. Dann folgten Kambodscha, Japan, Taiwan. Besonders schlimm: Thailand, Indonesien und Pakistan (4,7 Millionen tote Hühner!) vertuschten den Ausbruch der Seuche. In Laos sprachen die Behörden von Cholera, obwohl die Hühnerpest wütete.

Was kann man tun, um sich zu schützen? BILD beantwortet wichtige Fragen:

> **Ist eine Ansteckung von Mensch zu Mensch möglich?**

„Eine solche Übertragung ist bisher nicht bekannt", sagt Peter Cordingley, Sprecher der Weltgesundheitsorganisation WHO in Südostasien. Aber: „Das Virus könnte sich aber mit dem Grippeerreger vermischen. Dann wäre eine Übertragung von Mensch zu Mensch möglich – und eine weltweite Epidemie!"

> **Schützt eine Grippeimpfung?**

„Nein, der Erreger der Geflügelpest ist gegen die üblichen Influenza-Medikamente resistent", warnt WHO.

> **Muss ich auf Brathähnchen und Eier verzichten?**

Bisher nicht. Asienreisende sollten Eier aber nur gekocht, Geflügelfleisch nur gut gegart essen.

> **Können Flugenten das Virus übertragen?**

Ja, warnt die UN-Organisation FAO: Die Vogelgrippe kann ohne Vorwarnung überall auf der Welt ausbrechen, weil die Erreger in wild lebenden Wasservögeln „schlummern".

001 – Moshammer holt toten Vater in seine Gruft.

002 – Stones-Gitarrist schnupft Asche seines toten Vaters!

003 – Tote Anna Nicole Smith sagt vor Gericht aus.

004 – Mosi als Mumie im gläsernen Sarg.

005 – Hat Pumuckel Hans Clarin auf dem Gewissen?

006 – Kauft Mickey Maus die Bundesliga?

007 – Lässt Schwarzenegger Michael Jackson kastrieren?

008 – Queen tröstet lieber Staubsauger als Schwiegertochter.
Ihre Königliche Rohheit.

009 – Nanu! Der erste Kelly schneidet sich die Haare ab.

010 – **Darmspiegel live im TV.**

011 – Batman als Schläger festgenommen.

012 – Der Kannibalen-Beweis:
Ein Künstler versteckte sich im Busch und malte diese Grausamkeit.

013 – Steinzeit-Menschen entdeckt!

014 – Wenn alles Kunst sein kann, dann ist nichts Kunst.

015 – Die Nachspeise des Kannibalen:
Er isst Eintopf, freut sich auf die Würstchen drin.

016 – »Tschuldigung, dass wir Opa gegessen haben!«

017 – »Ich wurde am Büfett flambiert!
Häutet mich und hängt mich ins Esszimmer!«

018 – Bauer von seiner Bäuerin verfüttert?

019 – **BIG-LUNCH: Popstar isst Freundin auf.**

020 – Kannibale will seinen Mixer zurück.

021 – »Guck mal! Wir lernen Schlachten!«

022 – Der Mordmetzger vom Pirkensee –
Massenmörder tarnt sich als Guru.

023 – Entschuldigung für verspeiste Missionare.
»Menschenfleisch schmeckt recht gut«

024 – »Japaner schmecken am besten« ... und Weiße waren viel zu salzig!

025 – **Menschen schmecken vielen Löwen gut.**

026 – JOGGERIN GEFRESSEN.

027 – Sperrt ihn weg! Er hat schon wieder Hunger!
Er könnte morgen ihr Nachbar sein ...

028 – Skandal-Richterin spricht von »Züchtigungsrecht«.

029 – Zwergkaninchen auf der Anklagebank.

046 – Gartenzwerg entführt und im Wald aufgehängt.

047 – Immer mehr Hüftgelenke explodieren in Rentnern.

048 – Irrer Inder enthauptet deutschen Rentner.

049 – **Toter Opa drei Jahre in Biotonne versteckt.**

050 – »Was habt ihr aus unserem schönen Grand Prix gemacht?«

051 – ER ist das Grand Prix Monster!

052 – Schaufenster des Grauens.

053 – Das Kaufhaus der Tränen.

054 – Das ist ein Gehirn im Kaufrausch.
Wissenschaftler fanden die roten Flecken der Gier.

055 – **Jetzt müssen die Verkäuferinnen bluten!**

056 – Blutbad beim Weihnachts-Shopping.

057 – Euro-Scheine lösen sich auf. Säure-Angriff auf unser Geld!

058 – Macht das neue Geld doch krank?

059 – Du kommst aus dem Urlaub, knippst das Licht an – ... und Rumms!

060 – Todes-Sturz beim Frühjahrsputz.
Hier liegt noch ihr Fensterleder.

061 — Baby von Balkontür erschlagen. / 062 — Das Todes-Puzzle vom Spielplatz. / 063 — Wohnte in meinem Haus die Phantom-Killerin? / 064 - Als Herrchen ganz kurz im Bad war ... Kampfhund vergewaltigt Hausfrau. / 065 — »Sie haben Papi an die Hunde verfüttert« / 066 — Nur zwei Tage nach dem grausigen Leichenfund. Hier geht die Horror-Mutter mit ihrem Mops spazieren. / 067 — Ehefrau mit Revolver zum Bügeln gezwungen. / 068 — Ehefrau erwürgt, weil sie ständig meckerte ... / 069 — Perverser missbraucht Frau mit Karottenbohrer. / 070 — Busen mit Kettensäge böse verletzt. / 071 — Ehefrau zerstückelt Mann und spült ihn im Klo runter. / 072 — »Mein Mann sucht mir die Dirndl aus« — Musste ihr Mann sterben, weil sie neue Kleider wollte? / 073 — »Hey Papa, ich fuhr deinen Benz zu Schrott!« / 074 — Der Fahrer hatte nur den Türöffner gedrückt - Auto explodiert. / 075 — Fleischer schändet Ehefrau mit China-Böller. / 076 — Der Sommer kommt wieder, die Exhibitionisten auch. / 077 — Gabis geheimes Wohnzimmer der Schmerzen. / 078 — Weil sie einen Freier liebte: Domina mit Nudelholz erschlagen. / 079 — 35.000 feiern den Tag des Orgasmus. / 080 — Das perverse Geständnis des Inzest-Vaters. / 081 — Gummi-Gauner verkauft löchrige Kondome. / 082 — Warum laufen so viele Frauen zur Hexe? / 083 — Feuerwehrfrau legt 22 Brände. / 084 — Mütter werfen Kinder aus Feuer-Haus. / 085 — Wenn der Lustgreis eifersüchtig wird. / 086 — Zeichner lässt tote Ehefrau in Scheiben schneiden. / 087 — Heiraten und Fernsehen machen dick! / 088 — Ach-

tung, Verfettungsgefahr im Container! / 089 – 200 Deutsche sterben pro Jahr durch zu viel TV. / 090 – Das hat der Container aus ihr gemacht. / 091 – Wie sicher lebe ich noch in Deutschland? / 092 – Astro-Schock. Alle Horoskope falsch? / 093 – Außerirdische Goldsucher zum Auftanken in die Türkei? / 094 – Müssen unsere Enkel auf den Mond? / 095 – Explosion am Rande des Universums. / 096 – Heute versext uns alle der Mars. / 097 – Unheimliche UFO-Sekte klont 1. Baby. Bald Zeugung ohne Männer möglich. / 098 – Hilfe unsere Riesen schrumpfen! / 099 – Schwarzes Loch frisst Menschen auf. / 100 – Der letzte Pfarrer vor der Hölle. / 101 – Stoppt dieser Bischofs-Stab die Höllenglut? / 102 – Unheimlicher Feuerball, nur dieser Stein blieb übrig. / 103 – Größter Komet der Welt schlug in Bayern ein. / 104 – Heilige sollen die Flut stoppen. / 105 – Der Jesus-Krimi. Engel und Teufel überfallen Geschäft. / 106 – Leichenwagen bei Trauermesse geklaut. / 107 – Leiche muss zum Vaterschaftstest. / 108 – Was haben wir da angerichtet? / 109 – Krematorien brauchen XXL-Öfen. / 110 – Nur noch jeder 10. Christ betet vor dem Essen. / 111 – Den lieben Gott gibt's wirklich – zu 67%! / 112 – Skandal 61 Jahre nach Kriegsende. / 113 – Krieg mit Pfeil und Bogen. / 114 – Aus diesem Dorf kommt das Böse. / 115 – Die Seele – zum ersten Mal fotografiert? / 116 – Auch Schwuler kann Papst werden. / 117 – Ist die Evolution am Ende? / 118 – Stammzellenforscher aufgepasst! Die Samenbank Gottes im ewigen Eis. / 119 – Mordversuch nach 36.000 Jahren aufgeklärt. / 120 – Die

wilde Jagd auf die Kühe von Jerusalem. / 121 – Argentinien zittert vor den wahren Händen Gottes. / 122 – Die 7 neuen Todsünden. / 123 – 616, die neue Zahl des Satans. / 124 – Vampir in Cottbus vor Gericht. / 125 – Jacob-Sister kochte Vampiraugen in Blutsuppe. / 126 – Vampir-Schmetterling entdeckt. Er saugt das Blut toter Tiere. / 127 – Fischporno bringt Stichlinge in Fahrt. Zum Untergehen sexy! / 128 – Tatort Gartenteich: Frosch vergewaltigt und tötet Goldfisch. / 129 – Können Frauen tatsächlich einen Frosch gebären? / 130 – Killer-Frösche, jetzt erwürgen sie diese Schildkröte. / 131 – Da staunt Hobby-Angler Günter Pusch: Am Haken hing ein Erft-Piranha. / 132 – Die Erft – ein Fluss des Grauens? / 133 – Karpfen bald so groß wie Schweine? / 134 – Fisch zu dick, Angler ertrunken. / 135 – Darf man einen Karpfen schlachten, wenn er spricht? / 136 – Ständiges Anpinkeln lässt Brücke schaukeln. / 137 – Können wir bald nicht mehr baden? / 138 – Die Invasion der Horror-Quallen im Mittelmeer. / 139 – Keine Spur von Killerwels Kuno. / 140 – Riesenhai schockt Urlauber. / 141 – Heuschrecken überfallen deutsches Urlauberparadies. / 142 – Wie kommen ägyptische Rattenflöhe ins teure Ebay-Sofa? / 143 – Matratzen lüften! Die Blutwanzen saugen wieder! / 144 – Deutscher Gorilla verprügelt Holländerin. / 145 – Sarah Wiener lässt Kinder im TV Kaninchen schlachten. / 146 – Papageien-Invasion in Deutschland. / 147 – Daisy hört immer noch Mosis Stimme. / 148 – Hundeköpfe im China Markt. / 149 – Chinesische Forscher entdecken: Seegurken sind unsere

Verwandten! / 150 – Daisy ins Zillertal verschleppt, was würde Mosi dazu sagen? / 151 – Irrer Engländer isst plattgefahrene Tiere. / 152 – Undankbarer Affe beißt Pfleger Finger ab. / 153 – Forscher züchten ersten Kuh-Menschen im Reagenzglas. / 154 – Bär frisst sich zurück nach Bayern. / 155 – Das Hamsterbacken-Urteil. / 156 – Polizei rettet geknebelten Storch. / 157 – Feuerwehr jagt Killer-Hörnchen. / 158 – Forscher behauptet: Dinos waren Riesenhühner. / 159 – Das Asche-Monster. / 160 – Monster-Meerschwein wog 700 Kilo. / 161 – Deutscher Keim paart sich mit Killer-Bakterie aus Afrika. / 162 – Angst kommt durch die Nase. / 163 – Die grüne Soße des Grauens. / 164 – Bricht mit dem Asche-Monster die Endzeit an? / 165 – Laffe, der Zerstörer. / 166 – Der Bundestag bebt! / 167 – Der letzte Furz des Asche-Monsters. / 168 – Deutsche Urlauber in Angst. / 169 – Erde in der Klima-Zange. / 170 – Eisschrank Deutschland: - 33 Grad. / 171 – Deutschland bibbert. Kälte, Panik, Chaos! Bald werden die ersten sterben. / 172 – Monster-Eisberg bedroht Weltmeere. / 173 – Erst purzeln die Temperaturen, jetzt die Elefanten. / 174 – Die Erde macht uns Angst. / 175 – Mein lieber Schwan – Abgemurkst. / 176 – Killer-Fuchs fraß die Palmengarten-Pfauen. / 177 – Polizei konnte sie nur an ihren Silikon-Brüsten identifizieren. / 178 – Toter Juhnke singt live in Silvester-Show. / 179 – Der Maskenball der Botox-Zombies. / 180 – Blutige Botox-Beichte. / 181 – Leichen-Sex bei Frau Dr. Tod. / 182 – Tutanchamun trieb es mit der Schwester.

183 – Plünderer reißen Mumien die Köpfe ab.

184 – Seitensprung in den Tod.

185 – Vampirfisch beißt sich wieder bei uns fest.

186 – Wozu braucht der Blutspende-Dienst eine Kettensäge?

187 – Gestatten, Fräulein Tokio Bill.

188 – Sensation! Britney wird tiefgründig.

189 – So gruselig wird das neue Dschungelcamp.

190 – Jetzt kommen die Monster-Mücken.

191 – Deutscher Taliban mit Bafög ins Terror-Camp?

192 – RTL verarscht die Dschungel-Fans.

193 – Toter Barschel spricht bei RTL.

194 – Schwimm-Sperma im Pool macht Polin schwanger.

195 – Toter Michael Jackson zum Vaterschaftstest.

196 – **Moonwalk in die Ewigkeit.**

197 – Jackos Todes-Doc weiter auf freiem Fuß!

198 – Warum ist dieser Böse Onkel immer noch frei?

199 – Mazda-Fahrer in Kleingartenverein hingerichtet.

200 – Auto mit Leiche zur Reparatur gebracht.

201 – Polizei beschlagnahmt toten Opa aus Billig-Flieger.

202 – Mister Aldi tot!

203 – Nachbarn halten toten Rentner für Halloween-Puppe.

204 – Was hat Scientology mit diesen beliebten Handpuppen zu tun?

205 – Toter Michael Jackson singt wieder.

206 – Angst-Mercedes blockiert Bundesbank.

207 – Wer sich im Taxi übergibt, muss zahlen.

203 – Griechen wollen unser Geld.

209 – Deutsche machen 2,5 Milliarden Überstunden.

210 – Koch zerstückelt Koch.

211 – Bestatter ermordet Bestatter.

212 – Kannibale ersticht und isst eigenen Cousin.

213 – Chihuahuas fressen totes Herrchen.

214 – Vegetarier isst seinen eigenen Finger.

215 – Killer-Käse aus Österreich tötet 6 Menschen.

216 – Eine Maus hat meine Mutter im Krankenhaus angenagt. / 217 – Ich strick mir 'nen Schal aus meiner Perserkatze. / 218 – Katarstrophe für den Fußball. Schiri »Dracula« pfeift gegen Australien. / 219 – Dieser Mann trinkt Menschenblut. / 220 – Rentnerin stürzt mit Rollstuhl in Aufzugsschacht. / 221 – Wie kann eine Tür aus dem ICE fallen? / 222 – Total-Absturz der Adler. / 223 – Schwule BND-Agenten vor Gericht. / 224 – Richterin gefiel Parfüm nicht – Drogerie geschlossen. / 225 – Frauen wüten im Schuh-Paradies. / 226 – Frauen weinen ein Jahr ihres Lebens. / 227 – Bei Leberwurst zeigt die Ampel Rot. / 228 – Polizei jagt 83-Kilo-Kind. / 229 – Dieser Dino-Abdruck hat Schuhgröße 225. / 230 – Lebten Menschen und Dinos zur gleichen Zeit? / 231 – Der Online-Shop von Dr. Tod. / 232 – Pilzsammler findet Panzerfaust. / 233 – Hollandgurken machen NRW-Bauern platt. / 234 – Schalke fürchtet DMSA-Gau. / 235 – Jeder 2. Jugendliche weiß nicht, was Inflation ist. / 236 – Deutschlands berühmtester Schul-Professor liebt Skandal-Direktor vom Odenwald. / 237 – Gemeinde geht auf Missbrauchs-Pfarrer los. / 238 – Wütender Mob verspeist angebliche Hexe. / 239 – Der Krieg der frommen Männer. / 240 – Königin wirft Bischof aus seinem Grab. / 241 – Ausgeknutscht. / 242 – Was macht Hitler im Donald Duck-Buch? / 243 – Darf man mit Hitler vor Aids warnen? / 244 – Deutsches Schwein stirbt an Schweinegrippe. / 245 – Erlaubt! Klon-Fleisch – die wahren Pläne der Lebensmittelindustrie. / 246 – Toter Michael Jackson. Stasi-

Akte aufgetaucht! / 247 – Das Todes-Protokoll. / 248 – Der Folterkeller der Rentner-Gang. / 249 – Das ist Wolfgang Petry in der Rentner-Hölle-Hölle-Hölle. / 250 – Gebrauchte Särge in Pizzaofen verfeuert. / 251 – 2.000 Grad! Wer stoppt das Höllenfeuer in den Reaktoren? / 252 – Hier raubt der Teufel. / 253 – Aufgebrachte Menge lyncht Kaffeedieb./ 254 – Kaninchen im Unterricht erschlagen und gegrillt. / 255 – Meuterei auf der »Gosch Fock«. / 256 – Tanker-Drama. War es der Fluch der Loreley? / 257 – Killer-Wal zog Trainerin am Pferdeschwanz in den Tod. / 258 – Monster-Welle erschlägt deutschen Rentner. / 259 – Offenbacher greift Frankfurt mit Handkäs-Katapult an. / 260 – Frankfurt wird zur dunklen Seite des Mondes. / 261 – Aus der Traum! / 262 – Angst! / 263 – In Deckung! / 264 – Aufpassen! / 265 – Heute ist der mieseste Tag des Jahres. / 266 – Invasion! / 267 – Invasion der Rapskäfer! / 268 – Holzwurm! / 269 – Vogelgrippe! / 270 – Kikeriki des Grauens! / 271 – Klimakiller Kuh! / 272 – Bambi brutal! / 273 – Zum Jaulen! / 274 – Gold, Silber, Tränen! / 275 – Waschen, legen, sterben! / 276 – Wussow, Kollaps, Klinik. / 277 – Kahnlos! Zahnlos! Planlos! / 278 – ... stehend k.o. / 279 – Todesangst! Polizei! Ein Schuss! / 280 – Schreie, Verletzte, Rettungshubschrauber. Amoklauf an deutscher Schule. / 281 – So jung, so böse. Mitten in Deutschland. / 282 – Verurteilt! / 283 – Justizminister knallt durch. / 284 – Knallt Kahn durch? / 285 - Alles knallt runter! / 286 – Ab heute urknallt's!

287 – Kein Geld, keine Tore, keine Punkte, keine Hoffnung.

288 – Wer blickt da noch durch?

289 – Klima-Schock. Wetter total gaga.

290 – Wettervorhersage Weltuntergang!
Pentagon warnt vor Weltuntergang.

291 – Unser Planet stirbt!

292 – Der Stichtag der Angst

293 – **Tuut, tuut, tuut … Millionen Handys tot!**

294 – Derrick tot! Der Tod hat ihn erlöst.

295 – Als der Tod den Auslöser drückte,
saß der König der Nackten im silbernen Cadillac.

296 – Es war sein letzter Wille!

297 – Das war eine Hinrichtung.

298 – Bilanz des Grauens.

299 – Benzin, Steuer, Parken, Inspektion, Alles teurer!

300 – **Schluck! Bier wird teurer.**

301 – Horror-Gesetz!

302 – Schluss damit! Jetzt!

303 – Sexgier!

304 – Es wird immer perverser!

305 – Porno-Schock bei Prinzengarde.

306 – Porno-Schock im Tonhallen-Tunnel.

307 – Dreckige Homo-Erpressung.

308 – Piraten waren schwul.

309 – War Hitler eine Frau?

310 – Huren-Alarm in Afrika.

311 – Perverse Römerspiele bei der Bundeswehr.

312 – Knöllchen begraben Polizisten.

313 – Hund erhängt sich auf Polizeiwache!

314 – Dr. Tods Leichen spielen Titanic.

315 – »Sie verarschen die ganze Welt«

316 – **Aus! Das war's!**

014 — Wenn alles Kunst sein kann, dann ist nichts Kunst.

kunst? kunst?
kunst? kunst?
kunst? kunst?
kunst? kunst?
Wenn alles Kunst sein kann, dann ist nichts Kunst.

Dorina Dogan

265 — Heute ist der mieseste Tag des Jahres.

Heute ist der mieseste Tag des Jahres.

Elena Ruers

309 — War Hitler eine Frau?

War Hitler eine Frau?

Joceline Lampe

115 — Die Seele — zum ersten Mal fotografiert?

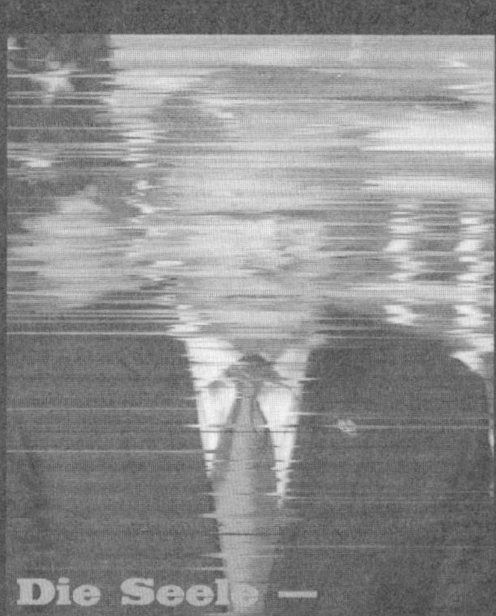

Joceline Lampe

087 — Heiraten und Fernsehen machen dick!

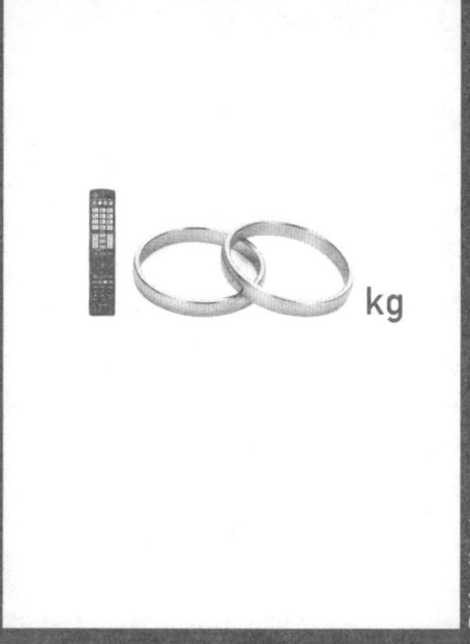

Fabian Kargl

006 — Kauft Mickey Maus die Bundesliga?

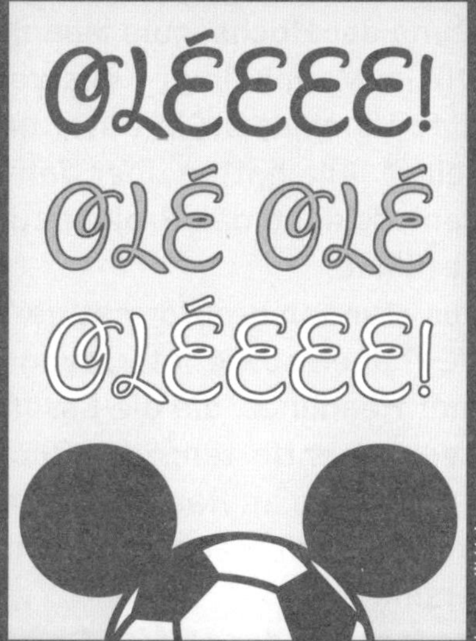

Laura Jil Heim

111 — Den lieben Gott gibt's wirklich — zu 67%!

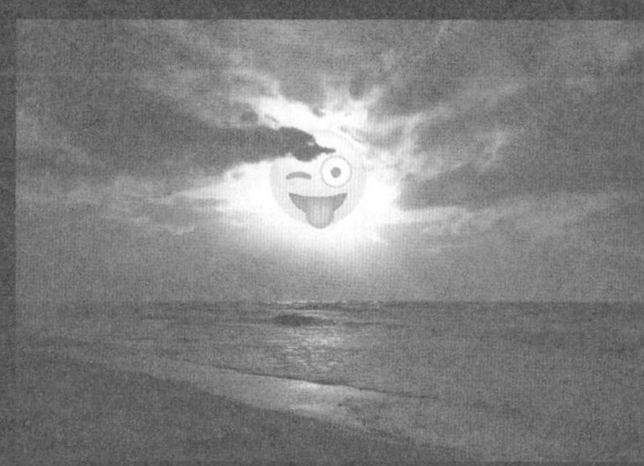

JC Hamilius

Die Ausstellung

»Im Wort der BILD« fand als transmediale Ausstellung der Fakultät für Gestaltung der Hochschule Mannheim vom 22. Oktober bis 19. November 2017 im Mannheimer Kunstverein statt.
Neben JC Hamilius als Initiator und Kurator waren achtzig Studierende beteiligt. Alle hatten über Jahre dafür gesorgt, dass eine ständige Weiterentwicklung das Projekt zu diesem ersten Schritt in die Öffentlichkeit führte.
Im Fokus standen großformatige Titelseitencollagen als Direktdruck auf PVC-Planen sowie foto-, typo- und kalligrafische Umsetzungen einzelner Headlines, die die Essenz der besten Schlagzeilen der sechs Rubriken präsentierten; zusätzlich erschienen mehrere hundert als Ticker auf einem im Raum hängenden, großen Flip-Dot-Display – also zeitgemäß als Kurznachrichten im Bewegtbildmodus öffentlicher Nahverkehrsmittel.
Der Rundgang in der oberen Galerie zeigte hingegen die Welt der BILD analog: Sämtliche im Verlauf von zehn Jahren gesammelten Originalpapierschnipsel paradierten gebügelt und an bunte Klemmen gezwackt an bewährten, haushaltsstützenden Wäscheleinen aus Nylon sowie als Wanddekos in einer total realistischen Wohnzimmerinstallation im Stil des Gelsenkirchener Barock.
Im Medienraum des Kunstvereins war eine eigens produzierte Video-Rezitation der Lyrikerin Esther Dischereit zu hören und zu sehen – wie auch das Musik-Video des offiziellen Songs zur Ausstellung »2000« von Bambi Brutal! Wer erleben möchte, wie disruptiv das klingt, klicke auf: www.youtube.com/watch?v=OAD2sm-uBPs.
Für jeden Besucher gab es neben Ansichtskarten mehrerer Motive auch Zeitungen zum Mitnehmen, die darüber hinaus als Wegleitung durch die Ausstellung dienten.

Bald

IM MANNHEIMER KUNSTVEREIN

IM WORT DER BILD 22.10.2017 – 19.11.2017

EINE AUSSTELLUNG DER FAKULTÄT FÜR GESTALTUNG

Plakatgestaltung: Robert Cosic

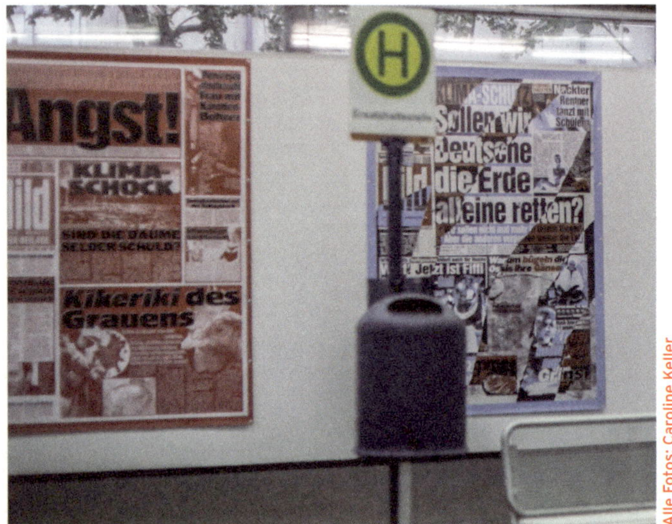

Alle Fotos: Caroline Keller

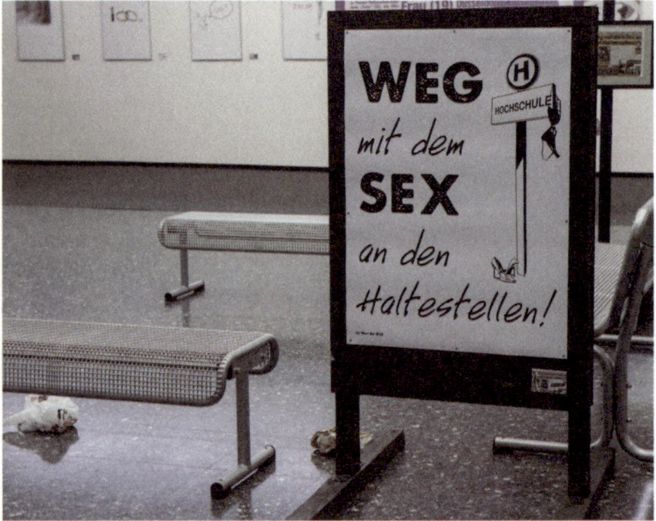

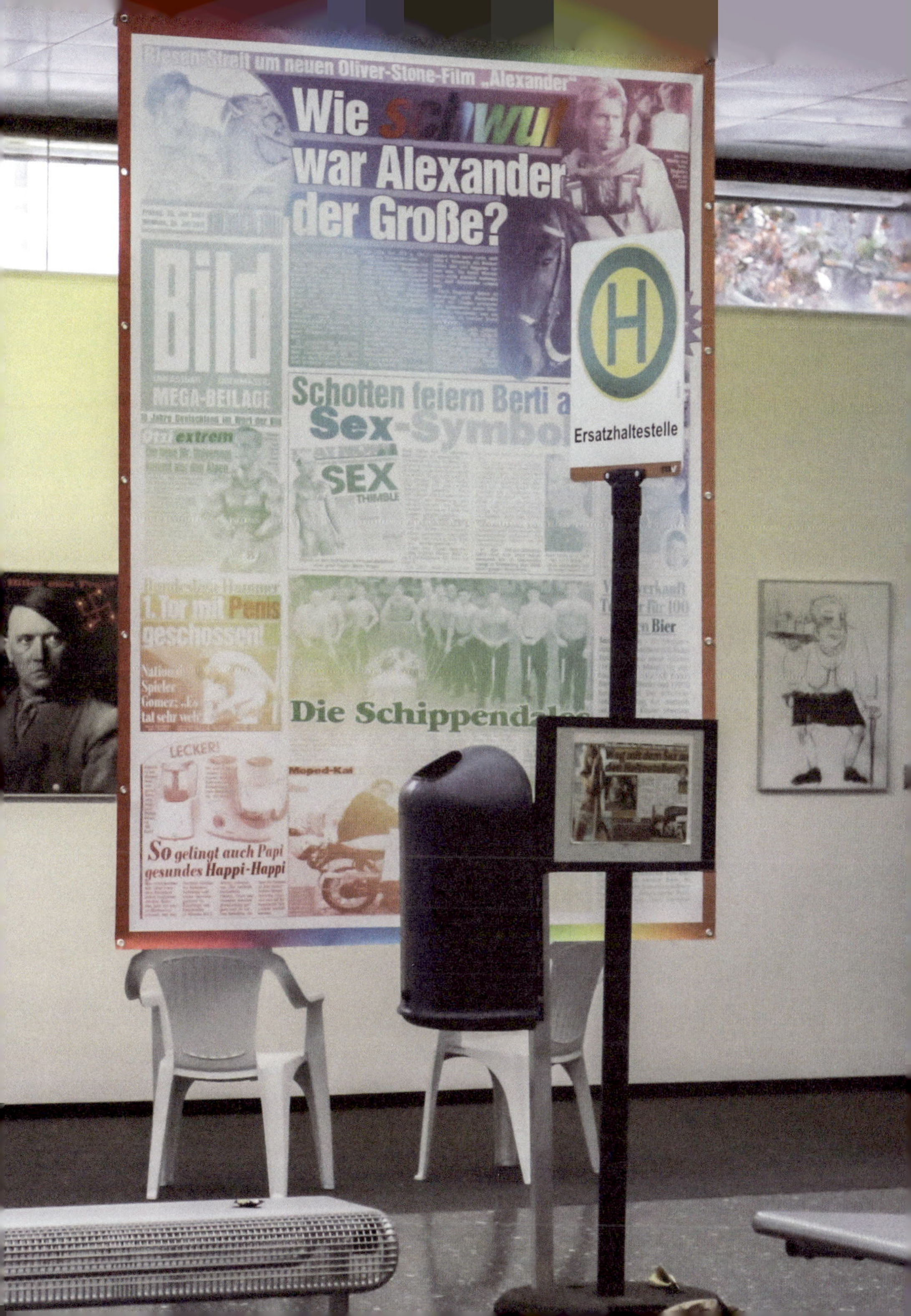
Riesen-Streit um neuen Oliver-Stone-Film „Alexander"
Wie schwul war Alexander der Große?
Bild
MEGA-BEILAGE
Schotten feiern Berti als Sex-Symbol
SEX
extrem
1. Tor mit Penis geschossen!
Die Schippendales
LECKER!
So gelingt auch Papi gesundes Happi-Happi
Moped-Kai
Ersatzhaltestelle
H

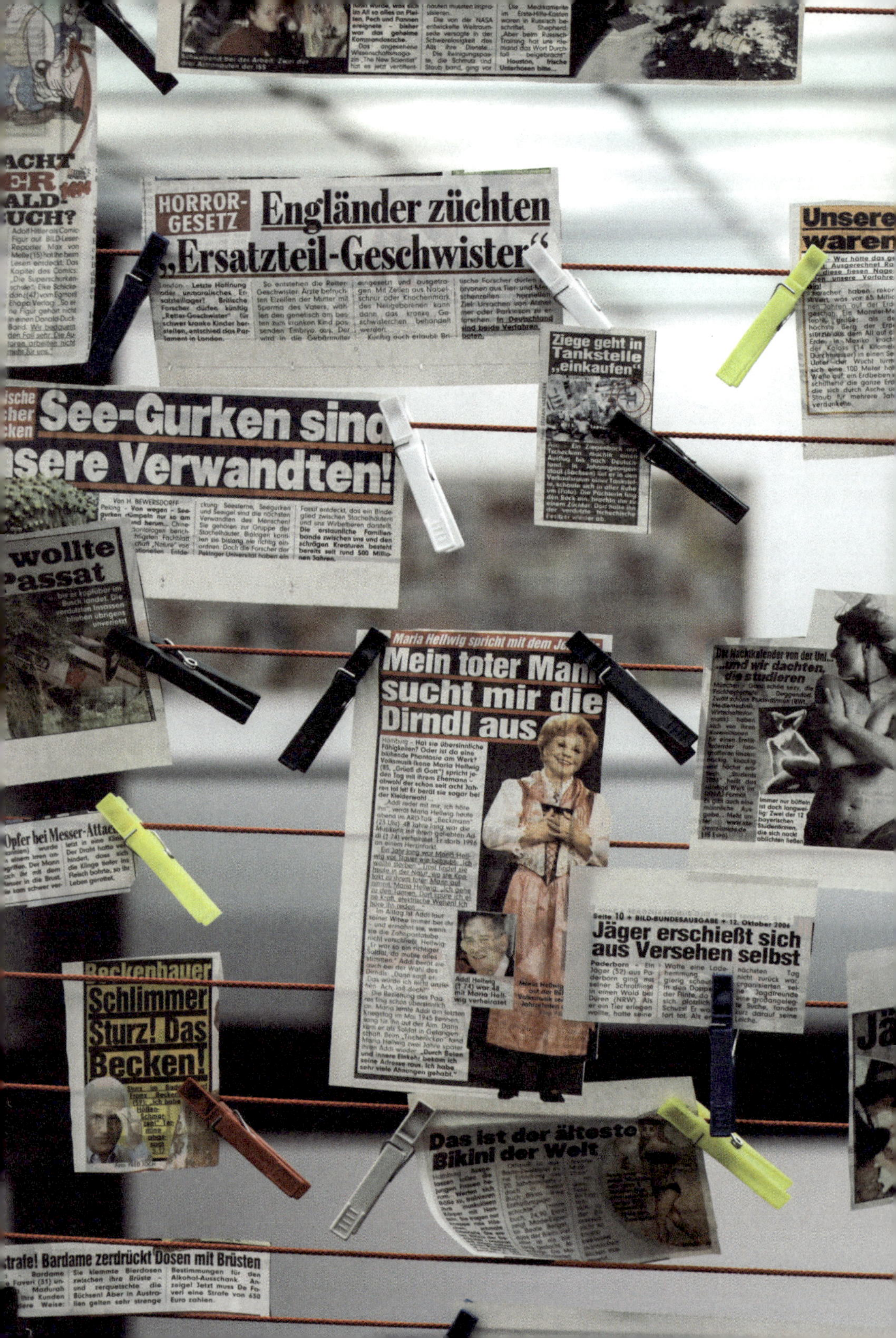

HORROR-GESETZ
Engländer züchten „Ersatzteil-Geschwister"
Ziege geht in Tankstelle „einkaufen"
See-Gurken sind unsere Verwandten!
Maria Hellwig spricht mit dem Jenseits
Mein toter Mann sucht mir die Dirndl aus
Opfer bei Messer-Attacke
Seite 10 • BILD-BUNDESAUSGABE • 12. Oktober 2006
Jäger erschießt sich aus Versehen selbst
Schlimmer Sturz! Das Becken!
Das ist der älteste Bikini der Welt
Strafe! Bardame zerdrückt Dosen mit Brüsten

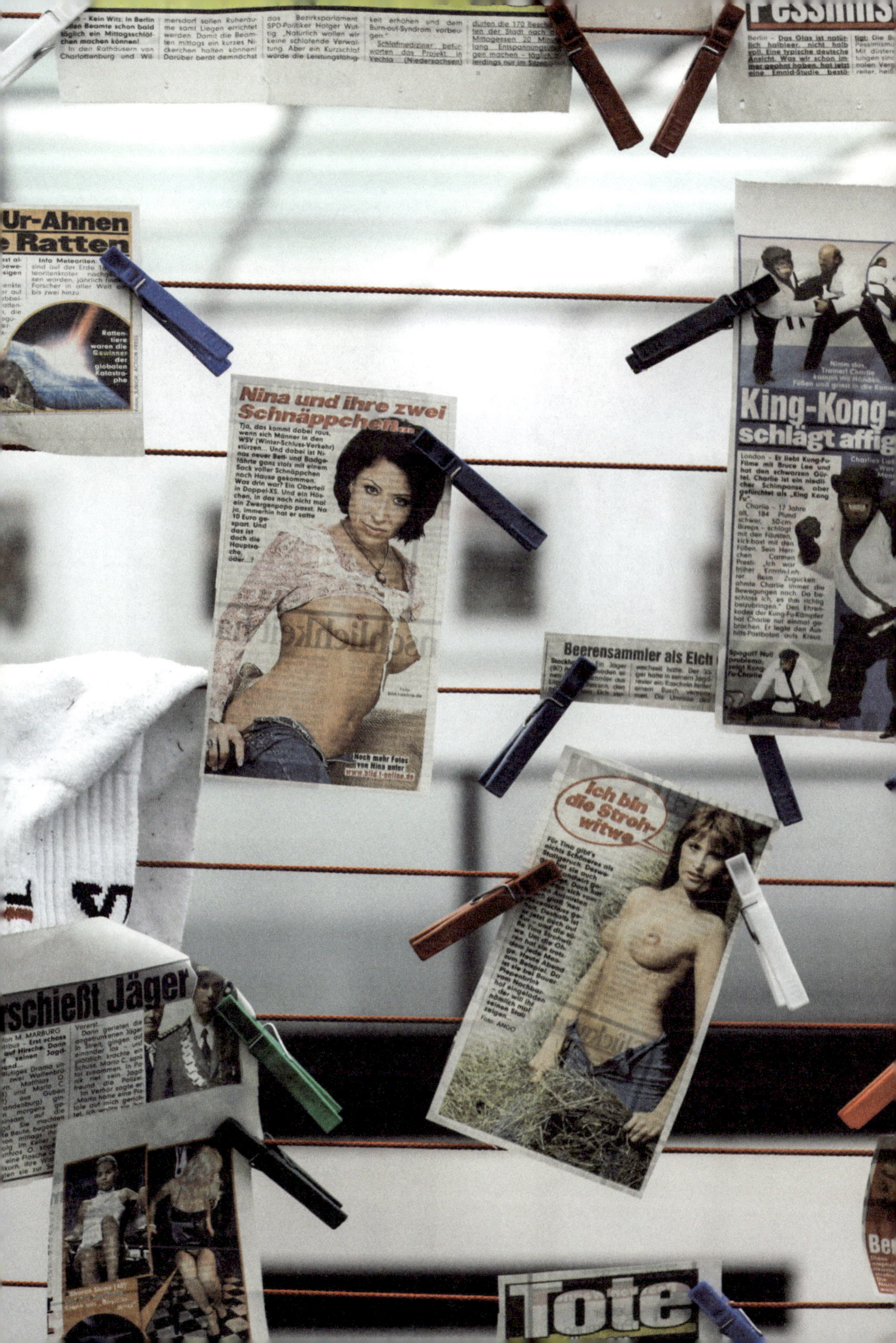

Ur-Ahnen
Ratten
Nina und ihre zwei Schnäppchen...
King-Kong-
schlägt affig
Beerensammler als Elch
Ich bin die Strohwitwe
schießt Jäger
Tote

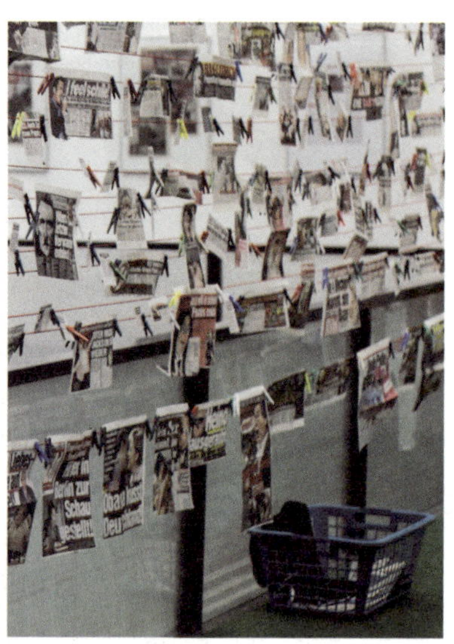

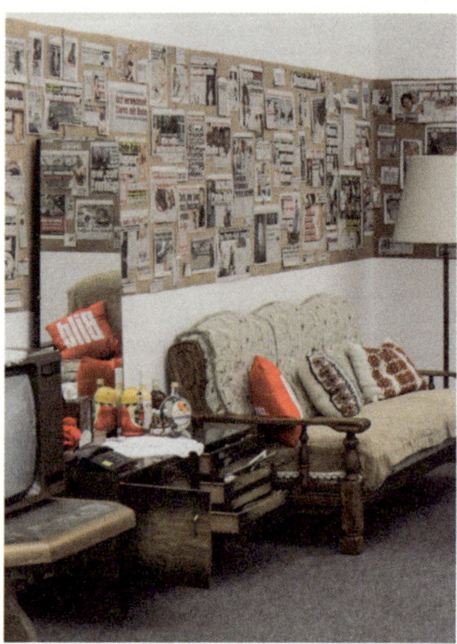

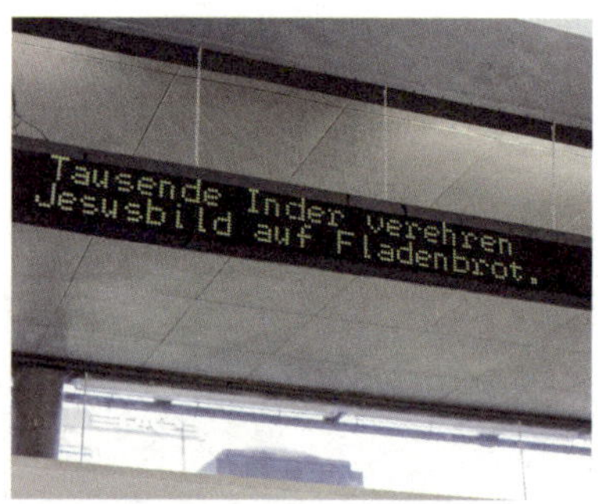
Tausende Inder verehren
Jesusbild auf Fladenbrot.

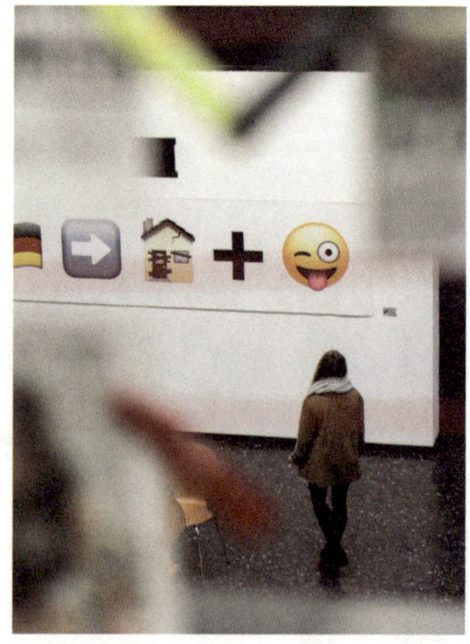

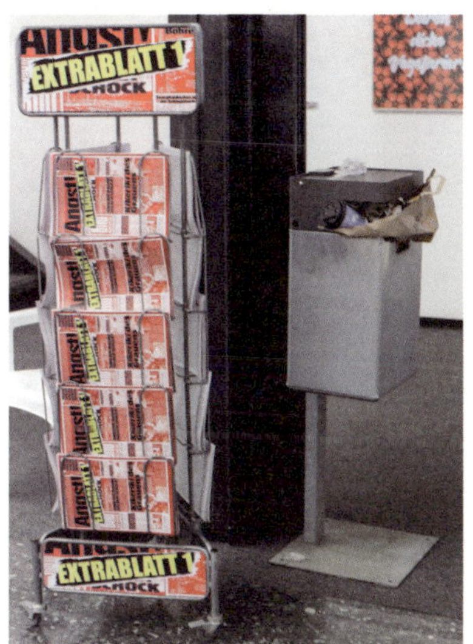
EXTRABLATT 1
EXTRABLATT 1

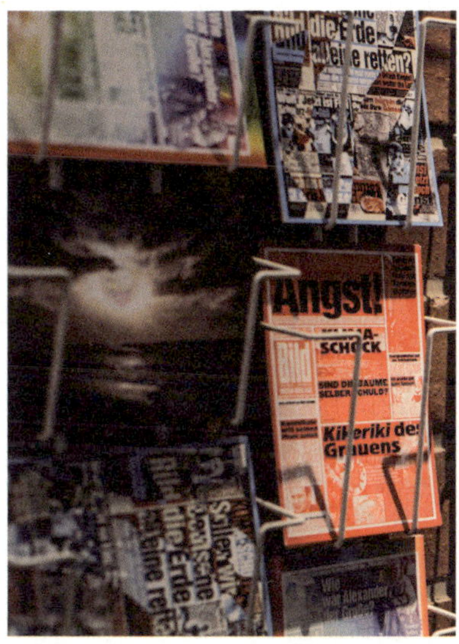
Angst!
SCHOCK
SIND DIE BÄUME SELBER SCHULD?
Kikeriki des Grauens

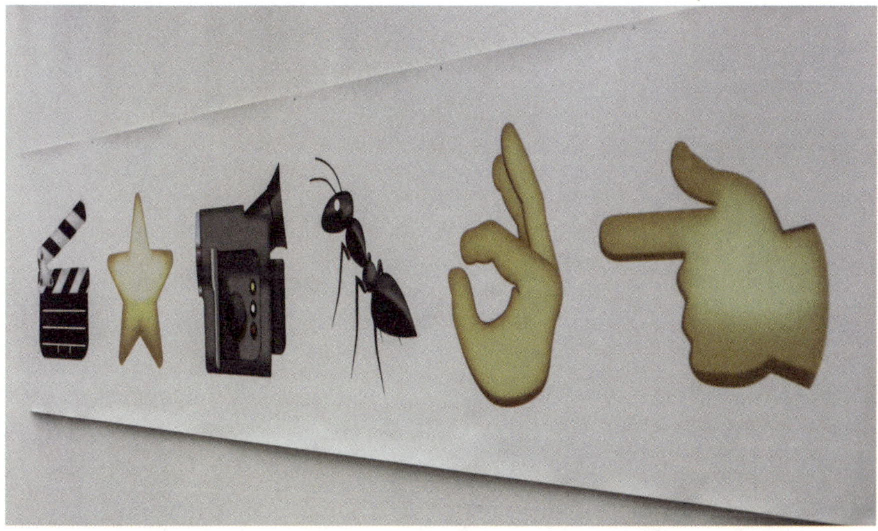

Bald

IM MANNHEIMER KUNSTVEREIN

Beteiligt an Headline-Auswahl und Konzept, sowie Ideensammlung und Entwürfen waren in chronologischer Reihenfolge:
2009 – Constanze Brückner / Kathrin Eckhardt / Pascal Fedorec / Carolin Klimek / Bärbel Reimold / Shakti Richter
2011 – Mario-Ignazio Cigna / Nina Frank / Melanie Frey / Eva Gompper / Alexander Hub / Carolin Metzger / Rina Roki / Marianne Samija / Christian Schäfer / Alexandra Sora
2013 – Anika Christmann / Ines Doka / Juliane Gutschmidt / Alessandro Tarantino / Sebastian Michel / Sven Wagenbach / Benjamin Kleinert
2016 – Miriam Zimmermann / Yevgeny Pochapinski / Sophie Glombik / Jaqueline Stadler / Hüseyn Calikbasi / Carina Klein / Hannes Neumann / Ines Brucker / Maurice Fischer / Robert Wanders / Dagmar Winkler / Sascha May / Vanessa Stachel / Tobias Eckerlin / Ruijie Zhu / Marcel Götz / Julia Körner

Beteiligt an Entwürfen und Exponaten für die Ausstellung 2017:
Thomas Bechberger / Andre Hofmann / Geoffrey Guterl / Moritz Kuhn / Nina Mack / Elena Ruers / Tanja Mirlieb / Christina Eisenhauer / Jasmin Flaig / Stefan Apfel / Pegah Arshad Riahi / Jonathan Storck / Felix Kerner / Eva Maria Reinhardt / Saskia Stirn / Maximilian Baier / Robert Cosic / Lewin Graf / Merve Oguz / Hallie Sheaffer / Nora Smith / Ann-Kathrin Winkler / Dorina Dogan / Vanessa Ernst / Nicole Lichtner / Camilla Schröer / Anna-Shirin Wenz / Quentin Schalk / Alexandra Hotz / Joceline Lampe / Christina Balykin / Sarah Zink / Hellen Oelschläger / Laura-Jil Heim / Lars Siebert / Fabian Kargl / Robin Lukas

Ausstellungsdesign, Werbemittel, sowie Gesamtkonzept und Organisation:
Caroline Keller / Julia Aileen Kobel / Luca Büttner / Jean-Claude Hamilius